KB105583

신화,
치유,
인간

신동훈 지음

삶이 흔들릴 때
신화가 건네는
치유의 말들

신화,
치유,
인간

신동훈 지음

아카넷

치유적 신화 읽기

삶을 일깨우는 영원한 신성의 이야기, 신화로의 새로운 여정을 한 권의 책으로 갈무리한다. 화두는 '내 안의 나'다. 세계의 신화를 거울로 삼아서 자기서사의 속성과 좌표를 살펴보고 나아갈 방향을 찾아보고자 했다.

　신화 안에는 수많은 '나'가 존재한다. 너무 지엄하고 숭고해서 범접할 수 없을 것 같은, 또는 너무 황당하고 엽기적이어서 고개를 젓게 만드는 신화 속 인물들에게서 내 안의 나를 만나는 순간, 신화는 나의 것이 된다. 니체는 "신은 죽었다!"고 했거니와, 나는 이렇게 말하고 싶다. "내가 곧 신이다!"라고. 아니, 이는 나의 말이 아니다. 신화가 전하는 말이다.

신화는 생로병사, 희로애락, 세상사 우여곡절을 극단의 극적 형상으로 표현하는 것이 특징이다. 상하좌우의 편폭과 파고드는 깊이가 남다르다. 그것은 강렬한 이미지와 격정적 서사로 우리의 인식과 정서를 뒤흔들고, 뒤집으며, 파괴한다. 그 폐허 속에서 우리를 다시 일어서게 한다. 단, 일어설 수 있는가는 나 자신의 몫이다. 좌절에 머물 수도 있다. 또는 그냥 아무것도 아닐 수도 있다.

한국의 전설과 민담, 구전 신화에 이어 세계 민담의 숲을 관통해온 기세로 두려움 없이 세계 신화에 도전했다. 신화론의 새 지평을 열겠노라는 당당한 호기豪氣로 시작한 여정이었으나, 신화의 세계는 만만치 않았다. 굳센 벽에 가로막혔고, 크고 낯선 기운에 비틀댔다. 외롭고 버거운 싸움이었다. 그 싸움에서 얻어낸 것이 없지 않다는 점 외에 세계 신화가 쉽게 넘볼 수 없는 깊이를 지닌다는 사실에서 위안을 얻는다. 그것은 끊임없이 탐구되어야 할 무엇이다.

나의 쉽지 않은 탐색의 여정에 거점이 돼주고 힘이 돼준 것은 한국 신화였다. 오래 살펴온 친숙한 신화이기 때문이겠으나, 좀 다르게 말하고 싶다. 한국 신화가 그만큼의 무게감과 깊이를 지니는 것이라고. 들풀 같은 생명력으로 세월을 관통해온 한국의 민간 신화는 삶의 모든 진경眞境을, '나'의 모든 문제를 심오하고 정확하게 담아낸다. 신화적 치유론에서 한국 신화가 절반 가까운 지분을 갖게 된 것은 하나의 필연이었다고 강변해본다. 우리 신화를 줄이고 외국 신화를 넣어 구색을 갖추는 대신 화두에 어울리는 신화가 제 목소리를 낼 수 있도록 했다. 이 책에 있을 수 있는 부족함이나 불균형은 다른 이들이 채워줄 것으로 믿는다. 신화는 누구 한 사람의 것이 아니니까.

새로운 신화 탐색의 길을 열어주고 이끌어준 아카넷 이기섭 고문과 한겨레 휴심정 조현 기자께 감사드린다. 몇 년 만에 다시 인연을 맺게 된 이지은 편집자의 세심한 보살핌에도 감사의 마음뿐이다. 그리고 늘 저자들을 존중하고 세심히 챙겨주시는 아카넷 김정호 대표께 특별한 감사 인사를 전한다. 연재되는 글을 읽어주며 응원 보내준 많은 분들, 특히 나의 귀중한 제자들에게도 감사와 사랑의 마음을 전한다. 개인적으로 신화와 새로운 만남을 이어가며 발견한 내적 과제가 많다. 그 과제들을 오롯이 감당해가기를 기약하며 나 자신에게 격려와 채찍을 보낸다.

2023년 겨울, 양평 풀무골에서
신동흔

차례

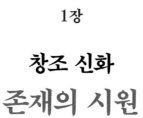

1장

창조 신화
존재의 시원

태초의 바다와 태초의 알,
그곳에 내가 있다

신화와 자기서사, 그리고 치유

복잡하고 험한 세상이다. 몸과 마음을 흔드는 것들이 한 가득. 크고 작은 일들에 내내 시달리며 쫓기다 보면 어느새 하루가 저문다. 바쁜 일과 끝에 스마트폰을 이리저리 들여다보다가 잠드는 나. 꿈속에서도 방황은 이어져 뻐근한 심신으로 또 하루를 시작한다.

시끄러운 내적 갈등과 쉼 없는 피로의 시대, 진정한 나를 찾기 위한 여행을 시작한다. 오래 흘러온 원형적 신화들과 함께하는 명상과 치유의 여행이다. 한국 구전 신화를 포함한 세계의 모든 신화를 서사적으로 가로지르는 가운데 깊이 잠들어 있는 내적 실존實存을 깨워보고자 한다. 누군가를 위한 일임에 앞서, 나 자신을 향한 일이다.

신화는 무엇인가? 흔히들 신화를 '신神의 이야기'라고 여기지만, 정확한 답은 아니다. 신에 대한 이야기가 다 신화인 것은 아니다. 민담이나 소설, 영화 같은 데도 신은 널리 등장한다. 한편, 신화가 다 신에 관한 이야기냐면 그것도 아니다. 신이 아닌 인간이 주인공 구실을 하는 신화도 많다.

신화는 '신성神聖의 이야기'다. '신성'과 '이야기'가 결합하면 신화가 된다. 신성한 이야기, 신성에 대한 이야기, 신성시되는 이야기, 신성시해야 하는 이야기, 신성을 내세우는 이야기, 어떤 표현이든 다 어울린다. 신성성sacredness은 신화를 신화답게 하는 핵심 요소다.

그렇다면 신성이란 무엇일까? 이에 대한 답은 다양하다. 누군가는 신성을 높고 먼 곳에 있는 초월적 섭리나 권능으로 보며, 누군가는 바깥이 아닌 우리 안의 힘이나 가치에서 신성을 찾기도 한다. 그런가 하면 신성을 종교나 권력, 자본이 만든 허상으로 보는 관점도 있다. 내 생각을 묻는다면, 신성은 그 모두일 수 있다고 답하겠다. 고귀한 근원적 섭리와 힘으로서의 신성은 우리 안에도 있고 밖에도 있다. 진짜 신성 외에 허튼 도취로 삶을 파괴하는 가짜 신성도 있다.

신화는 힘이 세다. 그것은 재미 삼아서 스치고 지나가는 무엇이 아니다. 최고의 집중력으로 깊이 스며들어서 일체감을 체현하는 것이 신화의 방식이다. 가짜 신화가 아닌 진짜 신화에서, 이야기 주인공은 외적 타자를 넘어서 '또 다른 나'로서 의의를 지닌다. 근원적인 나이고 존귀한 나다. 나보다 더 소중한 나. 그와의 서사적 합치를 통해 사람들은 신령한 존재로서 자기를 발견하고 실현한다. 미력함과 무의미함을 넘어서는 본원적인 치유 과정이다.

문학치료학이라는 학문이 있다. 한국에서 생겨나서 성장해온, 대안적 인간학이자 치유론이다. 문학치료학에서는 인간이 곧 문학이라고 말한다. 인간의 이면적 심층에 삶을 움직여가는 이야기가 있다고 본다. 삶의 과정이란 곧 그 이야기의 발현 과정이다. 그 이면적 이야기를 문학치료학은 '자기서사story-in-depth of self'라고 일컫는다. 사람들의 자기서사는 서로 같고도 다르며, 크고 작은 문제를 안고 있다. 인간이 본래 불완전한 존재이기 때문이다. 삶의 근본적인 치유를 이루려면 자기서사를 제대로 투시하고 변화시켜야 한다.

문학치료학은 설화를 자기서사 진단과 조정의 기본 통로로 삼고 있다. 오래 흘러온 원형적 이야기들은 존재의 이면을 비춰주는 힘이 있다. 일컬어, 마법의 거울. 그중에도 신화의 자리는 특별하다. 근원적인 신성의 이야기인 신화를 통해 우리는 저 밑바탕의 뿌리로 돌아가 참 자아와 만날 수 있다. 신화가 곧 나의 이야기임을 자각하고 신령한 서사를 오롯이 체현할 때 우리 삶의 지평은 새롭게 열리게 된다. 홀연히 하늘과 땅이 열리던 그 순간처럼.

태초의 바다와 태초의 알, 그 존재론적 의미

'태초太初'라고 불리는 아득한 옛날, 이 세상은 어떤 모습으로 존재했을까? 이 원초적인 물음에 대해 세상의 많은 신화들은 여러 가지 답을 전한다. 그 사연이 각 신화의 첫머리를 이루는 것이 상례다. 구체적인 내용은 가지각색이지만, 기본 사유가 서로 통하는 점도 있다.

여러 신화에 그려진 태초 세계의 형상을 주요 단어로 표현하면 고요와 적막, 혼돈과 미분未分, 알卵, 물과 불, 어둠과 밝음, 흐름과 타오름 등을 들 수 있다. 구체적 형상이 없는 아득한 무정형의 세계이면서, 무엇이라고 특정하기 어려운 생명적 에너지와 창조적 역동이 내재한 세계다.

인류 최초의 신화라 일컬어지는 수메르 신화는 태초에 바다가 있었다고 말한다. 하늘의 신 안An과 땅의 여신 키Ki가 모두 바다의 신 남무Nammu로부터 태어난다. 하늘과 땅 이전, 태초의 바다에서 연상할 수 있는 것은 아득한 무정형의 흐름과 출렁임이다. 어둠과 고요 속에 생명의 기운을 내포한.

수메르를 잇는 바빌론 신화에서도 태초에는 오직 물뿐이었다고 한다. 민물의 신 압수Apsu와 짠물의 신 티아마트Tiamat가 공존했는데 둘 다 뱀의 형상을 하고 있었다. 이때 뱀이 나타내는 것은 원초적인 생명적 에너지와 운동성이다. 하늘과 땅은 바다의 신 티아마트로부터 탄생하게 된다. 하늘과 땅을 그 안에 품고 있는 태초의 바다…. 조용히 눈을 감고서 그 모습과 기운을 찬찬히 음미해볼 일이다.

이집트 신화에서도 태초에 어둡고 고요한 물의 세계만이 있었다고 한다. 태초의 큰 존재 눈Nun은 원시의 바다를 상징하는 신이었다. 그 물속 깊은 곳에 태양신 라Ra(레)의 영혼이 누워 있었다. 그가 눈을 뜨고 움직이면서 태양이 떠오르고 여러 자연신이 생겨나게 된다. 바람의 신 슈Shu와 비의 신 테프누트Tefnut, 땅의 신 게브Geb와 하늘의 여신 누트Nut 등이 그들이다. 땅과 하늘에 앞서서 태양과 비와 바람을 품고 있는 태초의 바다. 그 이미지적 역동성이 마음을 잡아끈다.

태초 우주의 형상에서 물과 함께 주목할 것은 알의 이미지다. 몽골 신화는 태초의 바다에 거대한 새 가릉빈가迦陵頻伽가 둥지를 틀고서 낳은 알로부터 세상 만물이 나왔다고 한다. 그리고 타히티 신화는 태초에 하나의 알뿐이었다고 한다. 알이 영겁의 세월을 어둠 속에서 회전하던 중 타아로아Ta'aroa가 껍질을 깨고 나오면서 창조는 시작된다.

위로 올려진 알껍질은 하늘이 되고, 바수어진 조각들은 바위와 모래가 되는 식이다.

중국 신화에도 태초의 알이 등장한다. 어둠 속에 둥둥 떠다니는 알이 있었고, 그 안은 혼돈이었다. 거인신 반고盤古가 그 속에서 1만 8000년 동안 잠든 상태로 자라난 끝에 껍질을 깨뜨리고 나옴과 동시에 창조의 역동이 펼쳐진다. 알 속에 깃들어 있던 밝은 기운과 어두운 기운이 갈라져 각각 하늘과 땅이 된다. 반고는 그들이 다시 붙지 못하도록 땅에 발을 딛고 팔로 하늘을 떠받치게 된다. 그렇게 세상은 시작된다. 우리가 숨 쉬고 살아가는 갸륵한 생명의 세상이….

신화를 좋아하는 사람들이라면 많이 알고 있는 내용일 것이다. 그럼에도 이를 되짚어보는 것은 그 신화적 이미지 속에서 인류 자기서사의 원형을 보기 때문이다. 신화가 말하는 것은 아득한 옛날 이 세계의 탄생이지만, 헤아려보면 인간 생명의 탄생이 그와 다르지 않다. 태초의 형상 속에 인간의 존재적 시원이 담겨 있다는 뜻이다.

생각해보라. 하나의 생명으로 이 세상에 태어나 숨을 내쉬기 전, 우리는 어떤 모습, 어떤 상태였을까? 어머니의 자궁 속은 하나의 어둡고 고요한 바다 같은 곳 아닐까? 원생명을 품은 채 일렁이는. 또는 그것은 하나의 알 같은 곳 아닐까? 유일하고 거대한. 그 속에서 잠자며 자라나는 나의 생명! 반고 신화는 그 시간을 1만 8000년이라 했지만, 그 이상으로 아득한 무엇일 것이다. 타히티 신화가 말하는 '영겁'이 어울린다. 그 태초의 바다로부터, 태초의 알로부터 내가 나옴으로써 비로소 우주는 시작된다. 신이 어찌 멀리 있는 것이랴. 내가 바로 그것이다.

어찌 어머니의 자궁부터일까. 우리의 생명적 시원은, 또는 서사적 시원은 더욱 멀고 깊다. 우주의 탄생을 꿈꾸며 생겨남과 사라짐을 거듭하는 수십, 수백의 난자와 수억, 수십억의 정자들. 또는 그들이 있기까지의 헤아리기 어려운 창조적 조화의 시간들. 태초의 바다나 태초의 알에서, 또는 태초의 혼돈에서 나는 그것을 본다. 그리고 헤아려본다. 지금 이렇게 땅을 딛고서 하늘을 올려다보는 내 존재의 의미를. 내가 라이고 타아로아다. 내가 반고다. 하늘을 떠받치며 자라나는 일, 기꺼이 감수하리라.

생명의 원천으로서 카오스 또는 대극

반고가 깃들어 있던 태초의 알은 혼돈의 세계였다고 한다. 하늘과 땅이 갈라지기 이전의 미분화 상태. 그 혼돈의 서양식 명칭은 카오스Chaos다. 그리스 신화는 모든 것이 카오스에서 시작됐다고 말한다. 그것은 아무것도 없는 공허로 이해되기도 하지만, 생명적 에너지가 가득한 원原우주나

선先우주로 보는 것이 어울린다. 그로부터 대지의 신 가이아Gaia가 탄생하고 또 밤의 여신 닉스Nyx와 어둠의 화신 에레보스Erebus가 생겨났으니 카오스는 신령한 원생명의 장이었음이 분명하다.

북유럽 신화는 태초의 카오스를 상반된 기운이 대극적으로 도사린 형상으로 표현한다. 얼음과 탁한 안개로 덮인 암흑의 땅 니플헤임의 맞은편에 모든 것을 줄줄 녹이는 뜨거운 불의 땅 무스펠헤임이 있다. 긴눙가가프라는 공허로 나뉘어 있던 두 땅이 서로 만나면서 창조는 시작된다. 모든 거인의 조상 이미르와 거대한 암소 아우둠라가 탄생하며, 그들에 의해 인간을 포함한 또 다른 생명들이 만들어진다. 일련의 창조 과정은 '격렬'이라는 표현이 어울릴 만큼 역동적이다.

대극의 기운이 만나서 태초의 창조가 이루어졌다는 내용은 이란 신화와 뉴질랜드 신화에서도 볼 수 있다. 이란 신화에서 진공을 사이에 두고 양립하는 밝음과 어둠의 공간은 오르마즈드와 아흐리만으로 불린다. 어느 땐가 두 세계의 힘이 만나서 부대끼는 가운데 세상 만유가 탄생한다. 뉴질랜드 신화에서 대극의 존재는 아버지인 하늘 랑기Rangi와 어머니인 대지 파파Papa다. 둘은 암흑 속에서 서로를 껴안고 있었다고 하니, 그 또한 카오스라 할 수 있다. 자식들에 의해 둘이 떼어지면서 세상은 새 체계를 갖추게 된다.

태초의 카오스나 대극 상태는 우리 자기서사의 또 다른 원형을 현시한다. 하나의 생명으로 화하기 전, 세상은 아득한 혼돈이고 부딪침이었다. 상반된 거대한 원초적 기운이 맞물려 부대끼는 속에서의 가없는 발버둥! 그 영겁의 역사 끝에 비로소 생명은 형체를 갖게 된다. 그렇다. 나의 생명이라는 우주는 저절로 생겨난 바가 아니다. 그것은 가혹하고 격렬한 투쟁의 결과물이다.

그렇다면 한국 신화는 어떠한가? 구전으로 이어져온 창세 신화의 서사는 태초의 혼돈으로부터 시작한다. 〈창세가〉는 태초에 하늘과 땅이 서로 붙어 떨어지지 않았다고 한다. 이를 가른 것은 하늘땅과 함께 생겨난 거대한 신 미륵이었다. 그가 천지를 가른 뒤 땅의 네 귀퉁이에 구리 기둥을 세움으로써 새로운 세상이 자리 잡게 된다. 태초에 고귀한 신 미륵이 있었다는 것은 이 세상이 신성한 생명의 공간임을 말해준다. 그 신령한 조화를 통해 카오스가 코스모스cosmos로 바뀐 상황이다.

하나로 붙어 있던 하늘과 땅이 분리되어 세상이 만들어졌다는 것은 중국 여러 민족의 신화와 뉴질랜드 신화 등에도 있는 내용이다. 하늘과 땅 사이에 기둥을 세웠다는 내용도 중국 창족이나 아즈텍 신화 등에서 볼 수 있다. 이에 대해 제주도 창세 신화 〈초감제〉는 태초 세상에 대한 하나의 특별하고 인상적인 내용을 전한다. 카오스란 어떤 것인지를 단적으로 보여주는 내용이다. 일컬어, 천지혼합天地混合! 애초에 하늘과 땅이 하나로 뒤섞여 있었다는 것이다.

하늘과 땅이 뒤섞여 있다는 것은 둘이 맞붙어 있다는 것과 질적으로 다른 이미지를 현시한다. 밝음과 어둠, 맑음과 탁함, 높음과 낮음 같은 어떤 종류의 분간도 없는 상태이니 완전한 혼돈이다. 대극의 기운이 무정형으로 섞여서 흐르니 그 에너지가 어떠했을까. 아득한 고요와 혼돈 속에 무한의 역동이 전방위로 펼쳐졌을 것이다. 그 역동은 천지의 분리를 통한 우주의 탄생으로 귀결된다. 신화는 거인신에 의해 하늘과 땅이 갈라지자 하늘에 흑이슬, 땅에 청이슬이 피어나고 중간에 황이슬이 피어나 오색구름이 세상을 채웠다고 한다. 선우주의 원생명적 기운이 새 우주의 가시적 생명력으로 화한 모습이다. 억겁의 역동 속에 태어난 태초의 이슬, 아름답다! 감동적일 정도로.

눈을 감고서 아득한 과거, 천지혼합 시절을 반추해본다. 하늘도 아니고 땅도 아니면서 그 모두였던 무엇…. 우리의 존재적 시원이자 본향이다. 그 속에 본원적인 내가 있다. 나는 그 이미지를 혼란이나 갈등으로 보지 않는다. 고요 속에서 펼쳐진 신령한 창조적 몸짓으로 사유한다.

하늘과 땅이 어우러져 펼쳐내는 생명적 조화는 천지가

분리된 뒤에도 그치지 않는다. 〈창세가〉에서 미륵은 왜 하늘과 땅 사이에 기둥을 세운 것일까? 둘이 다시 붙어서 하나가 되려 했기 때문일 것이다. 왜냐하면 본래 하나였으므로. 기둥에 의해 분리됐지만, 둘은 여전히 서로를 향해 움직인다. 하늘은 땅을 향해 빛과 볕을 내리고 비와 눈을 내린다. 땅은 하늘을 향해 기운을 올려 보내고 초목을 키워낸다. 하늘과 땅 사이에 존재하는 나, 두 기운을 함께 받으며 움직인다. 밝음과 어둠, 기쁨과 슬픔이 내 안에 공존한다. 피할 수 없는 숙명이다. 아니, 신적 섭리다. 기꺼이 받아들이고 펼쳐내야 할.

우리가 온 곳과 돌아갈 곳

카오스에서 코스모스로, 원생명에서 현생명으로, 그렇게 세상은 만들어졌다. 그것으로 끝이냐면 그럴 리 없다. 모든 것은 원상태를 향해 움직인다. 지금 떨어져 있는 하늘과 땅은 어느 날 다시 하나가 될 것이다. 그리고 이 세상은 까뭇 닫힐 것이다. 우리가 '죽음'이라고 부르는 그날에. 북유럽 신화가 말하는 라그나로크Ragnarok는, 세계 종말의 날은 허튼 상상이 아니다. 우리 모두가 필연적으로 직면할 현실이다.

하지만 그것은, 끝이 아니다. 돌아감일 따름이다. 우리가 온 그곳, 아득한 원생명의 세계로의. 그 아득한 고요와 혼돈의 시공간 속에서 신령한 생명적 몸짓은 다시 새 움직임을 시작할 것이다. 또 다른 영겁을 향해서. 현실의 시간은 유한하지만, 신화의 시간은 영원하다.

잘 알듯이, 죽음은 참으로 아득한 일이다. 그 돌아감 뒤의 일을 우리는 알 수 없다. 하지만 존재적 바탕으로의 돌아감은 죽음만의 일은 아니다. 우리는 저 밑바탕으로의 침전을 통해, 예컨대 깊은 명상冥想을 통해 태초의 원생명 상태로 나아갈 수 있다. 창조 신화의 원형적 서사와 이미지는 나의 본래적 존재성을 추체험할 수 있는 최고의 명상 통로다.

오늘 밤, 스마트폰을 들여다보며 뒤척이는 대신 신화를 품어보면 어떨까. 마음을 끄는 신화적 이미지를, 예컨대 태초의 바다나 태초의 알, 천지혼합의 역동과 지상의 첫 이슬 등을 저 멀리 끝 간 데까지 곱씹어 느끼면서 잠의 평화 속으로 빠져드는 것이다. 돌아오는 새벽, 어쩌면 그대는 알을 깨뜨리면서 새로운 우주와 함께 눈을 번쩍 뜨는 신화적 기적을 경험할지도 모른다.

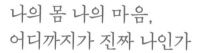

나의 몸 나의 마음,
어디까지가 진짜 나인가

신의 피조물, 한 줌 흙으로 빚어진

태초의 혼돈이 나뉘고 걷히면서, 또는 태초의 알이 깨지고 바다가 속내를 드러내면서 세상이 창조됐다고 한다. 또는 무정형으로 도사리고 있던 대극對極의 기운이 만나서 부딪치면서 이 세상은 시작된다. 그 세계에 자리 잡게 된 만물 가운데 빼놓을 수 없는 존재가 바로 인간이다. 인간이 만들어낸 신화가 인간에 대해 말하는 것은 당연한 일이다.

  인간은 처음 어떻게 생겨나서 세상에 존재하게 됐을까? 이 원형적 질문에 대해 세계의 신화는 가지각색의 흥미로운 이야기를 전한다. 구체적인 사연은 다르지만 그 바탕에는 서로 통하는 사유가 있다. 첫손에 꼽을 사항은 인간의 탄생이 신의 작용으로 이루어졌다는 점이다. 신들이 직접 나서서 인간을 빚기도 하며, 신의 뜻에 의해 인간이 태어나기도 한다. 예외는 거의 없다.

많은 신화는 모든 생명 가운데 인간을 특별하게 여긴다. 히브리 〈창세기〉에서 야훼Yahweh는 엿새에 걸쳐 세상 만물을 창조한 뒤 마지막 날 자기 자신을 닮은 존재로서 인간을 만들었다고 한다. 뭇 짐승들을 다스릴 권능을 부여하면서. 〈창세기〉만이 아니다. 중국 신화도 창조 여신 여와女媧가 자신을 닮은 존재로서 인간을 창조했다고 한다. 그리스 신화는 어떠한가. 프로메테우스Prometheus가 정성껏 빚은 인간의 육체에 지혜의 여신 아테나Athena가 영혼을 불어넣었다고 한다. 하늘과 땅 사이의 특별한 존재. 존귀한 신의 분신分身. 그것이 대다수 신화가 말하는 인간의 자기인식이다. 또는 원형적 자기서사다.

하지만 인간은, 신과 닮았을지 몰라도, 그 자체 신은 아니다. 인간은 물적인 존재다. 구체적으로, 어떤 물질성일까? 인간이 처음에 무엇으로 만들어졌는가의 문제인데, 신화들이 전하는 답이 흥미롭다. 돌, 나무, 뼈, 흙, 밀랍, 옥수수, 버섯, 눈雪, 그리고 신의 눈물이나 배설물에 이르기까지, 인간의 재료가 된 물질이 꽤나 다양하다. 신의 배설물이라니 무슨 일인가 싶지만, 인도 신화에서 그것을 정액精液으로 표현하고 있음을 보면서 고개를 끄덕인다. 그 또한 인간이 신의 자손이라는 뜻일 테니까.

여러 물질 가운데 단연 주목할 것은 바로 '흙'이다. 세계의 많은 신화들은 신이 흙으로 인간을 빚었다고 말한다. 히브리 〈창세기〉와 중국의 여와 신화, 그리스 신화가 그러하며, 수메르 신화와 아프리카 요루바족 신화, 알타이와 몽골 신화 등도 인간이 점토나 진흙으로 만들어졌다고 전한다. 한국 구전 신화 〈셍굿〉에도 신이 황토를 모아서 인간 남녀를 만드는 내용이 담겨 있다.

인간이 본래 흙으로 만들어졌다는 데는 우리의 존재적 정체성에 대한 원초적 사유가 담겨 있다. 인간이란 본래 흙에서 왔다가 흙으로 돌아간다는 것! 우리가 사는 것은 결국 땅 위에서다. 땅에서 나는 것을 먹으며, 먹은 것을 다시 땅으로 돌려보낸다. 무엇보다도, 우리는 죽으면 땅으로 돌아간다. 돌아가는 곳이 땅이니, 유래한 곳 또한 땅일 것이다.

그 신화적 서사를 나의 존재적 속성으로 사유해본다. 지금 이렇게 움직이는 나의 몸이, 내가 애지중지하는 이 신체가 사실은 진흙이고 황토라는 것. 모기에 물려 가려운 나의 팔, 땀이 배어 나오려는 목덜미, 작은 지끈거림이 시작되는 머리… 다 흙에서 온 것이고 흙으로 돌아갈 무엇이다. 잠시 명상에 잠겨보려고 꾹 감아본 나의 두 눈도. 무상하고 무상하다. 한편으로, 평화롭다. 한 줌 흙에 무슨 번뇌가 있으리….

존재의 역사,
쓰러지고 바스러지며 다시 태어난

나의 존재가 한 줌의 흙이라는 것은, 절반의 진실이다. 신화가 말하는 인간은 단순하고 전일全一적인 존재가 아니다. 복합적인 존재이며, 간단없이 변화하면서 거듭나는 존재다.

그리스 신화 속의 인간이 프로메테우스의 진흙과 아테나의 영혼이 어우러진 존재라 했거니와, 수메르 신화에서 엔키Enki가 만든 인간 또한 점토에 신의 피가 섞임으로써 탄생한 것이었다. 몽골 신화에서 보르항Burkhan(부처)이 만든 진흙 인간도 물이 피가 되고 연기가 숨이 되어 깃듦으로써 살아 움직일 수 있었다. 히브리 신화는 어떠한가. 세르기우스 골로빈Sergius Golowin이 《세계 신화 이야기》에서 소개한 자료에 따르면, 신은 흙으로 아담의 살을 만들고 돌로 단단한 뼈를, 물로 피를, 해에서 두 눈을, 흘러가는 구름에서 생각을, 불어오는 바람에서 숨결을 만들었다고 한다. 인간은 흙인 동시에 돌이고 물이며 해와 구름이다. 불어오는 바람이다. 지상의 모든 것이다.

여러 신화는 인간이 단번에 만들어진 것이 아니라 일련의 시행착오를 거치면서 창조되었다고 한다. 보르네오 두산족은 신이 처음에 돌로 만든 인간이 말을 하지 못하자 다시 나무로 인간을 만들었다고 한다. 그리고 그가 갈라지고 썩자 다시 흰개미로부터 얻은 흙으로 인간을 만들었다고 한다. 거꾸로 처음에 흙을 썼다가 여의치 않아 다른 재료를 이용했다는 이야기도 있다. 중국 야오족 신화에서 창조 여신 미뤄퉈密洛陀는 처음에 진흙으로 인간을 만들려 했으나 결과는 사람이 아닌 물항아리였다. 이어서 쌀밥을 사용한 결과는 술이었고, 나뭇잎을 쓴 결과는 메뚜기, 호박과 고구마를 쓴 결과는 원숭이였다. 미뤄퉈 여신이 인간을 만드는 데 성공한 것은 벌집을 녹인 밀랍을 통해서였다.

이러한 신화적 서사에 대하여 인간이 된 최종 재료나 결과만 주목하는 것은 짧은 소견이다. 그 일련의 과정을 인간의 역사로 보는 것이 더 신화적인 독법이다. 돌과 나무와 진흙, 또는 진흙과 쌀밥과 나뭇잎과 호박과 고구마와 밀랍…. 그 모두가 인간이 세상에 존재하게 된 역사적 과정이라는 것이다. 그것은 개인 차원의 실존적 진실이기도 하다. 돌이었다가 나무였다가 흙이었던 것이, 또는 흙이었다가 밥이었다가 나뭇잎이었다가 호박과 고구마이기도 했던 것이, 그렇게 물항아리나 술이나 메뚜기나 원숭이이기도 했던 것이 '나'의 존재적 역사다.

인간의 거듭된 창조 과정에 대하여, 아즈텍 신화는 현세계 이전에 네 번의 선先세계가 존재했으며 인간 또한 사멸과 재탄생을 거듭했다고 전한다. 그 선세계들은 차례로 호랑이의 태양과 바람의 태양, 화염비의 태양, 물의 태양(아즈텍 신화는 각 세상을 '태양'으로 표현한다)이다. 인간이 거친 짐승 속에서, 몰아치는 바람과 쏟아지는 불비 속에서, 그리고 가없는 물바다 속에서 움직였다는 말이다. 바람에 날린 인간은 원숭이가 되고, 불의 비 속의 인간은 칠면조가 되며, 물에 삼켜진 인간은 물고기가 된다.

그렇게 다시 시작된 다섯 번째 태양. 지금 인간이 살아가는 세상은 '운동의 태양'이다. 현세의 인간은 '무無'에서 만들어진 것이 아니다. '물의 태양'에서 물고기가 되었던 인간의 뼈를 신들이 아득한 지하 세계에서 힘들게 찾아온 뒤 바스러진 뼛가루에 속죄의 피를 떨어뜨려서 현 인류를 탄생시켰다고 한다. 아득한 시련과 사멸의 역사이며, 신령한 핏빛 부활의 역사다.

아즈텍 신화가 전하는 인류 탄생의 서사에서 다시금 나 자신의 역사를 본다. 호랑이 속이었고, 바람 속이었으며, 불의 빗줄기 속이었고, 끝 모를 물속이었다. 원숭이였고, 칠면조였으며, 물고기였다. 지하에 갇혀 바스러진 뼈였다. 그 시간을 통해 지금의 내가 있다. 그리고 그것은 끝이 아니다. 일컬어 운동의 태양! 쉼 없는 운동의 시간 속에 나는 끝없이 유전한다. 어제 칠면조였고 물고기였으며 오늘 아침 밥쟁이였던 나, 이 순간 아테나의 지혜를 찾고 있는 중이다. 저 아득한 영원에서 이어져온 나의 몸짓은 또 다른 영원으로 이어져갈 것이다. 지금 내가 남기고 있는 이 뼛조각에서 또 다른 생명이 탄생할 수 있다면….

금빛·은빛 신성과 한 마리 벌레 사이

돌아와 우리 신화를 본다. 앞서 〈셍굿〉을 잠깐 언급했지만, 한국 신화의 인간 탄생 서사는 함경도 구전 신화 〈창세가〉에서 본령을 볼 수 있다. 태초에 거대한 창조신 미륵이 하나였던 하늘과 땅을 가르고 구리 기둥을 세웠다고 하는 그 이야기 속에서.

> 옛날 옛 시절에 / 미륵님이 한짝 손에 은쟁반 들고 / 한짝 손에 금쟁반 들고 / 하늘에 축사하니 / 하늘에서 벌레 떨어져 / 금쟁반에도 다섯이요, / 은쟁반에도 다섯이라. / 그 벌레 자라나서 / 금벌레는 사나이 되고 / 은벌레는 계집으로 마련하고 / 은벌레·금벌레 자라와서 / 부부로 마련하여 / 세상 사람이 낳았어라.
> — 김쌍돌이 구연, 〈창세가〉

〈창세가〉에서 인간은 특별히 창조된 존재다. 창조신 미륵이 직접 나서서 최고 정성의 상징이라 할 금쟁반·은쟁반을 받쳐 들고 하늘을 향해 축원을 올린다. 그 결과로 생명이 내린다. 신성한 그곳, 하늘로부터. 그렇게 내린 생명은 어김없는 하늘신의 분신이다. 더없이 존귀한. 신화는 금쟁반·은쟁반에 내린 생명을 그 자체 금벌레와 은벌레라고 칭함으로서 신성성을 단적으로 나타낸다.

하지만 그 생명은 금金이고 은銀인 한편, 하나의 '벌레'
다. 여기서 벌레는 원초적인 생명체를 뜻하는 말이겠지만,
어떻든 하나의 미력한 물질성의 존재임은 변하지 않는다.
무언가를 먹어야 움직일 수 있는 존재, 추위에 떨고 더위
에 허덕이는 존재, 꾹 누르면 힘없이 절명하는 존재, 그것
이 벌레이고 인간이다. 생사고락과 희로애락에 휘둘리다
가 속절없이 스러져 흙으로 돌아갈 한 마리의 짐승. 그것
이 인간의 실존이다.

금빛·은빛의 고귀함과 한 마리 동물의 미력함. 이 둘을
추상화해서 표현하면 각각 신성神性과 수성獸性이라 할 수
있다. 동물은 하나의 물物이니 수성은 물성物性으로 일컬어
도 좋다. 사람의 존재적 속성에는, 곧 인성人性에는 신성과
수성·물성이 맞물려 있다. 둘 사이를 끝없이 유동하는 존
재가 인간이다. 어떨 때는 신에 가깝고 어떨 때는 물에 가
깝다. 어떤 이는 신에 가깝고 어떤 이는 물에 가깝다.

돌아와 자기서사를 반추해본다. 내가 밟아가고 있는 서
사의 길은 신神의 길인가, 물物의 길인가? 이 엄중한 신화적
질문 앞에서, 나는 아득해진다. 아무리 헤아려봐도 내가
살아온 시간은, 그리고 지금 살아가고 있는 시간은 8할 이
상이 물物이다. 메뚜기와 원숭이와 칠면조와 물고기의 시
간… 돌과 나무와 진흙의 시간… 그렇게 한 마리의 큰 벌
레로 움직이고 있는 나. 그것이 인간이라고 자위해보지만,

그렇게 떠돌다 스러진다면 그건 너무 무의미하지 않은가.

내 안 어디엔가 깃들어 있을 금빛·은빛 신성을 찾아내야 한다. 진흙 속에서 신의 피가 돌고 맥이 뛰게 해야 한다. 창조 여신의 젖줄이 흐르고 아테나의 영혼이 뛰놀아야 한다. 신神과 물物이 어우러져 조화와 합일을 이루어내야 한다. 나는 물을 벗어나 신이 될 수 없지만, 둘의 조화를 이루어낼 수 있다. 그래야 하나의 '인간'이 될 수 있다. 어려운 일이지만, 불가능한 일은 아니다. 신화가 그 길을 비춰주고 이끌어줄 것이다.

단절과 연결, 작은 나와 큰 나

한국의 창조 신화에서 금벌레·은벌레가 인간으로 자라난 것은 지상에서였다. 그 자라남이 저절로 된 것일 리 없다. 하늘과 땅 사이 온갖 기운을 쉼 없이 머금어 취한 결과였다. 하늘에서 내리는 햇살과 이슬과 비와 바람과 눈, 땅에서 나는 풀과 나물과 곡식과 열매들… 지금 여기 나의 몸은 그 모든 것들의 집합체다. 그렇게 나는 흙이고 물이며 옥수수이고 밥이다. 치킨이고 삼겹살이며 콜라이고 맥주다.

어찌 몸뿐일까. 나의 마음과 생각 또한 마찬가지다. 내 머릿속의 갖가지 지식과 정보들, 다 밖에서 온 것이다. 사람에게서, 책에서, 그리고 텔레비전이나 인터넷에서. 희로애락喜怒哀樂·애오구愛惡懼 뭇 감정들 또한 마찬가지다. 그 감정 가운데 외물外物로부터 촉발되지 않은 것이, 밖에서 오지 않은 것이 얼마나 될까.

가없는 인연으로 이루어진 나. 끝없이 변화해가고 있는 나. 과연 어디까지가 나인가? 나 아닌 것과 나 사이의 경계는 어디인가? 생각하면 무상無常한 일이지만, 현실로 말하자면 그것은 '생각' 속의 일일 따름이다. 구체적 실존 속에서, '나'라고 하는 존재는 너무나 뚜렷하다. 압도적일 정도로. 지금 내가 움직이고 있는 손가락과 노트북 자판 사이의 아득한 심연. 노트북은 '나의 것'이지만, '나'는 아니다. 옆에서 발 뻗고 누워 있는 고양이도, 거실에서 텔레비전을 보고 있는 아내와 딸도. 가깝고 소중한 존재이지만, 그들이 곧 나일 수는 없다. 어찌 나를 대신해서 화장실에 가랴. 또는 이 글쓰기 과업을 대신하랴.

세상 만유와 연결된 존재로서의 나와 한 명의 단절된 개체로서의 나. 인간이라는 존재의, 우리 자기서사의 두 측면이다. 그중 내 삶을 규정하며 움직이는 것은 무엇인지 돌아본다. 한 명의 작은 나로서 먹고 싸고 웃고 화내고 하면서 보내는 시간이 8할 이상이다. 아니, 9할 이상! 나와 남 사이의, 나의 편과 남의 편 사이의 날카로운 단절 속에서 아등바등하는 시간의 연속이다. 하나라도 더 가져보려고. 이겨보려고. 인정을 받아보려고….

돌이켜 다시 떠올려보는 것은 조화와 합일이다. 작은 나와 큰 나 사이의. 눈앞에 있는 나를 넘어서서, 지금의 나를 있게 한 무수한 연결을 사유해본다. 보이지 않고 잡히지 않아서 추상적이지만, 그리하여 너무 쉽게 잊고 외면하게 되지만, 작은 나를 넘어선 또 다른 큰 나는, 있다. 영원에서 영원으로 이어지는 신화적 시간 속에. 그것과 접속이 내내 끊어질 때, 나는 한갓 진흙이고 벌레일 따름이다.

자판에서 손을 거두고 나면 바깥으로 나가보아야겠다. 하늘과 땅 사이 신령한 생명의 공간 속에 몸과 마음을 열고서 우주의 숨을 찬찬히 호흡하는 시간을 가져야겠다. 작은 신화의 시간을.

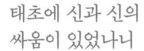

태초에 신과 신의
싸움이 있었나니

창조와 유지와 파괴의 신,
그리고 세 개의 나

태초에 알이 있고 바다가 있었으며, 나아가 대극對極이 있었다. 니플헤임과 무스펠헤임, 또는 음陰과 양陽이나 천天과 지땅로 표상되는. 세상은 그 상반된 힘의 부딪침과 어울림 속에서 존재한다. '나'라고 하는 존재도. 내 안에 하늘이 있고 땅이 있다. 나는 하늘인 동시에 땅이며, 하늘도 땅도 아닌 그 무엇이다.

그 서로 다른 힘이 평화롭게 어울리면 얼마나 좋을까만, 이는 쉬운 일이 아니다. 본래 성질이 전혀 다른 둘은 끊임없이 엇갈리고 부딪치며 소용돌이를 낳고 폭풍우를 일으킨다. 우리는 어느 한 순간도 그 부딪침의 격동으로부터 자유로울 수 없다. 평화와 조화란, 일시적이고 잠정적인 것일 따름이다.

　태초의 대극은 갈라졌고, 부딪쳤다. 그렇게 세상은 생겨났고, 역동했다. 신화는 그 갈라진 기운을, 그리고 그들이 펼쳐내는 역동을 '신'으로 표현한다. 만들어내는 신이 있는가 하면 파괴하는 신이 있다. 지키는 신이 있는 한편, 흔들어 뒤집는 신이 있다. 파괴하고 뒤집는 신은 흔히 악마惡魔나 악귀惡鬼로 불린다. 우리는 그것을 부정하면서 벗어나려 하지만, 그럴 수 없다. 그것은 태초부터 존재해온 본래적인 힘이고 기운이다. 영원에서 시작됐고 영원으로 이어질. 그 또한 신이다.

　그 신적 역학관계를 인도 신화에서 원형적으로 볼 수 있다. 인도 신화에서 세상의 본바탕을 상징하는 삼주신三主神은 브라흐마Brahma와 비슈누Vishnu와 시바Shiva다. 각각 창조의 신과 유지의 신, 파괴의 신으로 말해지는 신들이다. 이들 중 시원적 바탕이 되는 존재는 비슈누다. 비슈누의 배꼽에서 브라흐마가 나오고 이마에서 시바가 탄생했다고 한다. 이 둘은 서로 다른 대극의 작용을 한다. 브라흐마가 만들어낸 만유를 시바가 나서서 파괴한다. 네 개의 얼굴과 여덟 개의 팔로써. 시바는 파괴의 신인 동시에, 물질의 신이고 욕망의 신이다. 그는 모든 것에 위력을 미치면서 그것을 뒤흔들고 깨뜨린다. 그렇게 세상은 끝없이 변화한다.

창조는 어렵지만 파괴는 쉽다. 시바의 강력한 위력에 브라흐마는 빛을 잃는다. 숨듯이 뒤로 물러난다. 파괴로부터 세상을 지키고 재생하는 것은 비슈누의 역할이다. 시바를 포함해 모든 것의 바탕이었던 큰 힘. 하지만 그가 시바의 위력을 제어하는 일은 쉽지 않다. 그는 시바처럼 네 개의 얼굴을 가지고 있지만, 시바의 여덟 팔에 비해 그의 팔은 넷뿐이다. 전방위로 진행되는 파괴 속에서 본래의 생명적 질서를 지키고 되살리기 위해 지금도 분주할 비슈누의 네 팔…. 그것이 오롯이 힘을 내기를 바랄 따름이다. 브라흐마가 함께 제 몫을 한다면 더 좋을 것이다. 그를 통해 시바의 파괴가 파멸이 아닌 발전적 창조로 이어지기를!

비슈누와 브라흐마와 시바, 그들은 어디에 있는가. 세계 모든 곳에 있다. 그들이 곧 세계다. 그리고 그들은 내 안에 있다. 내가 곧 브라흐마이고 시바이며 비슈누다. 끝없이 이어지는 창조와 파괴와 재생의 역동. 오늘도 내 안에서는 원초적인 생명적 빅뱅이 속속 펼쳐진다. 거역할 수 없는 본래적 힘으로.

눈을 감고 돌아본다. 지금 이 세계를 움직이고 있는 것은, 나를 조종하며 지배하고 있는 것은 누구인가. 비슈누인가 브라흐마인가 시바인가. 답은 나와 있다. 그것은 시바다. 일컬어 물신物神의 세상. 가없는 욕망의 물결 속에서 오늘도 시바는 검푸른 얼굴에 혀를 내민 채로 여덟 개의 팔을 흔들며 폭주한다. 과연 내 안의 비슈누는 그것을 제어할 수 있을까? 내 안의 브라흐마는 다시 힘을 낼 수 있을까? 삼위일체의 생명적 조화를, 나는 마침내 이루어낼 수 있을까?

오시리스에서 세트로, 티탄족에서 올림포스 신으로, 그리고

대극에서 출발한 신과 신 사이의 상관관계를 서양 신화는 서로 죽고 죽이는 투쟁으로 표현하곤 한다. 수메르 신화가 그러하며 이집트와 그리스 신화, 히브리와 북유럽 신화도 그렇다. 끝없는 투쟁의 역사. 그렇게 움직여온 것이, 앞으로도 그리 움직여나갈 것이 이 세상이라고 말한다.

이집트 신화에서 태초의 세계는 고요한 평화였다. 어둡고 쓸쓸한 태초의 바다. 그 속에 깃들어 있던 큰 신 눈Nun으로부터 태양신 라가 눈을 뜨고 그 자손인 땅의 신 게브와 하늘의 여신 누트가 짝을 지으면서 세상에는 생명이 약동한다. 그 생명적 주재자는 슬기롭고 선한 신 오시리스Osiris였다. 오시리스가 주재하는 세상은 평화로웠고, 문명은 순조롭게 발전해갔다. 하지만 그 질서는 세트Set의 등장으로 뒤흔들린다. 욕망과 질투, 그리고 전쟁의 신. 세트의 교활한 계략으로 오시리스는 관 속에 갇히고, 잠시 나무에 깃들었다가 열네 조각으로 갈기갈기 찢긴다.

그렇게 이어진 세트의 세상은 영속하지 않았다. 신화는 오시리스의 아들 호루스Horus가 세트를 똑같이 찢어서 죽였다고 한다. 그를 통해 본래의 평화는 돌아왔을까 하면, 그렇게 보기 어렵다. 호루스가 행한 일은 세트와 꼭 닮은 또 하나의 폭력이었다. 그리고 세트는 그대로 사라지지 않는다. 독사가 되어 홍수를 일으킨다. 그에 대한 호루스의 재반격…. 그렇게 역사는 투쟁으로 점철된다. 그게 세상이다. 거대한 위력으로 되살아난 21세기 세트의 세상에서 우리의 호루스는, 아니 오시리스는 안녕한 것인지?

그리스 신화가 그려내는 신들의 투쟁사는, 또는 세계 문명사는 더 복잡하고 역동적이다. 그리고, 가차 없다. 태초의 거대한 신 가이아와 우라노스Ouranos가 낳았다는 티탄족 열두 남매와 외눈박이 거인과 백수百手 거인들. 그들이 어찌 움직였는가 하면 싸움과 분란의 연속이었다. 그 혼란을 제어하고자 나선 막내 티탄 크로노스Kronos가 한 일은, 낫으로 아버지 우라노스의 성기를 자른 일이었다. 크로노스는 그렇게 생명의 흐름을 끊고 세상의 지배자가 되지만, 그가 맞닥뜨린 것은 자기가 낳은 아들에 의한 가차 없는 공격이었고 하늘 끝으로의 유폐였다. 위대한 신 제우스Zeus가 행한 일이었다. 그렇게 펼쳐진 티탄족과 올림포스 신들 간의 대전쟁 기간토마키아Gigantomachia의 결과는 젊은 올림포스 신들의 승리였다. 티탄족은 아득한 지하 감옥에 갇히고 세계의 질서 체계는 바뀐다.

그리스 신화에서 티탄족과 거인의 세상은 극복됐어야 할 대상으로 그려지곤 한다. 상징으로 읽으면 티탄족은 원시의 거대한 자연성이고 야만성이다. 크로노스가 제 자식들을 차례로 삼키는 일은 야만적 폭력성을 단적으로 표상한다. 야생의 자연이란, 이토록 가혹하고 무참하다. 그렇다면 그것을 제어하면서 펼쳐진 새로운 질서는, 올림포스 신들이 지배하는 세계는 평화로운 낙원이었을까? 그럴 리 없다. 굳이 이런저런 이야기를 끌어올 필요 없이, 새로운 최고신 제우스가 어떤 욕망으로 어떻게 권능을 휘두르는지를 보는 것으로 충분하다. 제우스를 비롯한 여러 신들이 펼쳐내는 것은 아름다운 평화가 아니다. 갈등하고 싸우면서 갖가지 재앙을 빚어내는 쪽이다.

신화는 제우스가 빚어낸 인간이 '철의 족속'이었다고 말한다. 노동하고 슬퍼하고 피곤하게 살다가 죽음을 맞이하는 존재. 범죄와 배반, 약탈과 탐욕에 휘둘리고 쓰러지는 존재. 남의 이야기가 아니다. 우리가 살고 있는 이 세상 얘기다. 제우스는 종막을 고한 구세계가 아니라 현 세계의 질서 체계를 상징하는 신임을 상기할 일이다.

우리 안에 비슈누와 브라흐마와 시바가 있는 것처럼 티탄족과 외눈박이 거인과 백수百手 거인과 제우스가 우

리 안에 있다. 포세이돈Poseidon과 헤파이스토스Hephaestos
와 하데스Hades, 에로스Eros와 타나토스Thanatos와 나르키소
스Narcissos, 그리고 아테나와 아프로디테Aphrodite와 프시케
Psyche도. 우리는 그들 중 올림포스 신들에게 지워진 존재
인 티탄족을 잊곤 한다. 하지만 그들이 더 본원적인 생명
이고 질서일 수 있다. 최초로 인간을 빚어낸 것이 티탄족
의 프로메테우스라고 하지 않는가 말이다. 티탄족에 앞섰
던 더 크고 원초적인 존재, 우라노스와 가이아, 나아가 태
초의 카오스까지로 연결될 때, '나'의 존재성은 거대한 신
화적 역사를 품을 수 있다.

　다시 눈을 감고 명상에 잠겨본다. 올림포스를 넘어서 티
탄으로. 크나큰 대지의 여신 가이아로. 그리고 그 이전 아
득한 태초로. 하늘과 땅을 그 안에 품고 있던 태초의 바다,
태초의 알로….

미륵과 석가 또는
대별왕과 소별왕의 길

세상을 놓고 벌이는 신과 신의 싸움은 동아시아 신화에서
도 여러 형태로 펼쳐진다. 황제와 치우의 대결이 유명하지
만, 그에 앞선 시원적인 싸움이 있으니 태초의 창조신들
간의 다툼이 그것이다. 알타이 신화에서는 윌겐Ülgen과 에

를릭Erlik이 부딪치며, 몽골 신화에서는 마이다르 보르항(미륵불)과 샤지투브 보르항(석가불)이 승부를 겨룬다. 창조의 주재자였던 월겐이나 마이다르 보르항에 보조자나 후발주자였던 에를릭과 샤지투브 보르항이 도전한 형태의 싸움이었다. 그중 진정한 생명력 능력자는 월겐과 마이다르 보르항이었지만, 그들은 속절없이 패배한다. 그리고 세상은 바뀐다. 모순과 부조리가 만연한 곳으로.

그 싸움은 한국 구전 신화에서 미륵과 석가, 또는 대별왕과 소별왕의 대결로 말해진다. 미륵이 누구인가 하면 태초의 크나큰 창조신이다. 하늘과 땅을 갈라서 이 세상을 만들고 하늘로부터 인간을 받아 내린. 신화는 그가 다스리던 시절이 태평성대였다고 한다. 사람과 동물, 사물 사이에 서로 말이 통하던, 함께 나란히 움직이며 어울리던 자연적 생명성의 시대. 하지만 그 시대는, 말하자면 원시적 공동체 사회는, 영원할 수 없었다. 새로운 지배 권력이 등장해서 세상을 흔드는바, 그가 바로 석가다. (여기서 석가는 불교의 석가모니불과는 다른 존재다. 태초의 창조신에 대한 현세의 문명신을 표상하는 존재다. 석가가 현세불이기에 신화에서 그 이름을 차용한 것이라고 보면 된다.)

석가는 미륵 앞에 나타나서 "네 세월은 다 갔으니 이제 내 세월을 만들겠다"고 선언한다. 그리고 미륵은 아직 때가 아니라며 저항한다. 그리하여 펼쳐지는 세 번의 시합.

금줄·은줄 유지하기와 강물 얼리기, 무릎에 꽃피우기까지 모든 싸움의 승자는 미륵이었다. 하지만 세상을 차지한 것은 그가 아닌 석가였다. 미륵이 피운 꽃을 꺾어다가 제 무릎에 꽂은 뒤 승리를 선언한 것이었다. 결국 버티지 못하고 물러나면서 미륵이 남긴 것은, 저주에 가까운 예언이었다. 꽃이 피어 열흘을 못 가고 심어서 10년을 못 가리라는. 집집마다 기생 과부와 무당 역적이 나고 갖가지 불구자가 나서 말세가 되리라는. 그리고 그 예언은, 실현된다. 바로 그 세상을 우리가 살아가고 있는 중이다. 차별과 모욕과 갈등과 다툼이 난무하는. 화무십일홍花無十日紅, 질병과 노쇠의 고통을 면할 수 없는 모순의 세상을….

제주 신화 속 대별왕과 소별왕의 다툼도 크게 다르지 않다. 하늘과 땅의 힘이 만나서 탄생한 그들 쌍둥이 형제 중 진정한 능력자는 대별왕이었다. 그만이 제대로 '꽃'을 피울 수 있었다. 하지만 세상을 차지한 것은 꽃을 훔친 소별왕이었다. 그는 선악을 분별하고 세상의 체계를 세우지만, 권력과 위계의 질서였고 욕망과 배제의 체계였다. 소별왕에 의해 도륙되고 빻아진 수명장자는 재앙이 되어서 온 세상으로 퍼진다. 그리고 우리는 그 재앙으로부터 자유로울 수 없다. 신화는 그것을 모기, 파리와 빈대, 각다귀 따위로 말하지만 어찌 그것뿐이랴. 끊임없이 우리를 괴롭히며 부대끼게 하는 것이 세상 한가득이다.

미륵과 석가는, 대별왕과 소별왕은 그 또한 우리 안에 있다. 지금 우리는 미륵의 길을 가는가, 석가의 길을 가는가. 이 시간 나는 대별왕인가, 아니면 소별왕인가. 또는 모기·파리·빈대·각다귀인가. 엄중한 질문 앞에 다시금 아득해진다.

세상을 다시 세우고 나를 살리는 힘

신화의 신들은 시간을 넘어서 공존한다. 시바가 여덟 개의 팔을 휘두르며 세상을 파괴하는 한편에 브라흐마와 비슈누가 있듯이, 세트에게 갈가리 찢긴 오시리스도 사라진 것은 아니었다. 신화는 그가 저승으로 들어가 왕이 되었다고 말한다. 제우스에 의해 유폐된 크로노스와 대전쟁에서 진 티탄족도, 그리고 그들의 부모인 우라노스와 가이아도 사라져 없어진 것은 아니다. 지금 이렇게 대지를 밟고서 하늘을 우러르고 있지 않은가.

미륵과 대별왕도 마찬가지다. 그들은 사라진 것이 아니다. 잠시 물러났을 따름이다. 소별왕에게 이승을 넘긴 대신 대별왕이 차지한 것은 저승이었다. 대별왕은 저승에 '맑고 청량한 법'을 세운다. 이승에서 훼손되고 뒤집힌 모든 것은 저승에서 빠짐없이 바로잡힌다. 욕망과 권세를 탐닉했던 무리는 지옥에 들어 만년의 고통을 겪고, 부조리와 고통을 감내하며 정도正道를 걸어간 이들은 영원한 복락을 누린다.

그것은 단지 죽음 뒤의 일이 아니다. 신화에서 대별왕은 소별왕에게 세상을 넘기면서 "만약 잘못하면 재미없으리라"하고 말한다. 언제라도 돌아올 수 있다는 말이다. 돌아와 세계 질서를 뒤집을 수 있다는 말이다. 그것은 곧 미륵의 일이기도 하다. 부조리와 차별, 고통이 만연한 세상은 그렇게 영속할 리 없다. 미륵불이 재림해서 본래의 생명적 질서를 회복할 것이다. 일컬어 후천개벽後天開闢! 사람들은 그 믿음과 의지를 가슴 깊이 품고서 꿋꿋이 버텼고, 장렬하게 싸운 것이었다. 스스로 들불이 되어서. 그 순간 그들은 그 자신이 미륵이었던 것이리라.

엉클어진 마음을 가다듬으며 내 안의 미륵과 대별왕을 찾아서, 비슈누와 오시리스와 가이아를 찾아서, 길을 나선다. 자꾸만 아득히 숨어버리는 그들을 마침내 찾아내서, 그와 하나 되어서, 싸워가리라. 정의와 생명의 세상을 향하여. 진정한 나의 삶을 향하여.

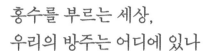

홍수를 부르는 세상,
우리의 방주는 어디에 있나

흔들리는 세계 질서에 대한
특단 조치, 물바다!

세계 여러 창세 신화는 태초에 수행된 창조의 불완전성을
말한다. 모순과 부조리로부터 부자유는 어쩌면 우리가 속
한 세계의 본원적 속성일 수 있다. 대극을 이루는 하늘과
땅의 기운이 얽히는 가운데 쉼 없이 역동하는 천변만화의
세상. 하염없이 부딪치고 부대끼면서 나를 살릴 무언가를
찾아서 심신을 움직여야 하는 것이 생명을 가진 모든 존
재의 운명이다. 그렇게 살아가는 것이, 또는 죽어가는 것
이 이승 속 인간의 길이다.

끊임없는 생명적 부대낌은 공생共生의 조화나 평화로 이
어지기도 하지만, 큰 파열음과 함께 파탄으로 치닫는 경우

가 더 많다. 갈등과 쟁투가 극으로 치달아 세계 질서를 위협할 때, 더 이상 두고 볼 수 없는 선을 넘어설 때, 신이 움직인다. 최고신이 나서서 특단의 조치로 세상을 정리한다. 그것은 불바다나 눈보라, 폭풍우 같은 것이기도 하지만, 가장 일반적인 것은 '물바다'다. 일컬어 대홍수. 온 세상이 물에 휩쓸려 잠들면서 기존의 세계는 닫히고 새 세계가 열린다. 이러한 갱신과 재창조 과정까지를 포함하는 것이 창조 신화의 서사적 정형이다.

다른 신화적 화소話素들이 그렇듯이 대홍수는 자연현상이나 사회현상을 반영했다고 볼 수 있는 한편, 심리적 상징으로도 해석될 수 있다. 나의 온 존재를 잠가서 사멸시키는 보이지 않는 대홍수! 하지만 그 전면적인 재앙 속에도 길은 있으니 '방주方舟'가 그것이다. 과연 우리는 어떻게 방주를 준비해야 하는 것일까? 방주 안에서, 또는 '설국열차' 안에서 나는 무엇을 해야 하는 것일까?

홍수 신화의 오랜 역사와 세계적 보편성

세상을 휩쓴 대홍수에 대한 서사로 가장 널리 알려진 것은 히브리의 〈창세기〉일 것이다. 일컬어 '노아의 방주'. 전능한 신 야훼가 사람들의 무도한 악행에 질려서 유일한

의인이었던 노아의 가족만 남기고 온 세상을 홍수로 휩쓸었다는 이야기다. 노아는 야훼의 계시로 거대한 방주를 만들고 그 속에 들어감으로써 홍수로 잠긴 세계 속에서 살아남는다. 생명을 가진 모든 길짐승·날짐승의 최소 쌍들과 함께. 장장 마흔 날 동안 이어진 홍수로 온 세상은 깨끗이 씻긴다.

하지만 〈창세기〉의 홍수 신화는 최초의 것이 아니었다. 그에 앞선 수메르 신화에도 대홍수의 서사가 큰 자리를 차지한다. 인간들의 시끄러운 불평이 문제였다. 분노한 최고신 엔릴Enlil은 세상을 홍수로 휩쓴다. 인간을 아꼈던 신 엔키Enki의 계시로 미리 커다란 배를 준비했던 지우수드라Ziusudra만 살아남아 영생을 얻게 된다. 그 내용은 바빌론 신화 속 우트나피슈팀Utnapishtim의 이야기로 이어진다. 거대한 방주 속에 든 우트나피슈팀 일행을 제외한 온 세상은 홍수에 휩쓸려 진흙으로 돌아간다. 태초의 원상태로.

그리스 신화에도 대홍수 서사는 어김없이 등장한다. 인간의 타락과 불경에 분노한 제우스가 내린 재앙이었다. 제우스가 포세이돈을 시켜 세상을 휩쓸게 한 물바다의 재앙에서 살아남은 인간은 프로메테우스의 계시를 받은 데우칼리온Deucalion과 피라Pyrrha 부부뿐이었다. 흥미로운 것은 그 뒤에 이어지는 인류 재탄생의 서사다. 두 사람은 '어머니의 뼈'를 등 뒤로 던져서 신인류를 만들어냈다고 한다.

대지大地라는 큰 어머니의 뼈인 돌덩이들을 던져서. 처음 프로메테우스에 의해 진흙으로 만들어졌다는 인간이 이번에는 돌덩이로 만들어진 상황이다. 진흙보다 돌이 더 순박하다는 뜻일까?

동양의 신화에도 대홍수 이야기는 빠지지 않는다. 인도 신화에는 마누Manu가 물고기로 변한 비슈누 신 덕분에 홍수에서 홀로 살아남은 사연이 전해온다. 다만 그 재난이 인간의 악행 때문이었다고 명시되지는 않는 것이 특징이다. 이는 중국의 홍수 신화도 마찬가지다. 한족 외에 좡족이나 먀오족 같은 소수 민족의 구비 전승에 다양한 홍수 신화가 전해지는데, 대홍수가 물의 신 공공共工이나 우레 신 같은 사나운 신의 발호에 의해 발생했다고 한다. 인류의 삶을 뒤흔든 예기치 않은 자연 재난에 가까운 형국이다. 특징적인 것은 그 홍수에서 어느 남매만이 조롱박 속에 들어서 살아났고, 둘의 결혼에 의해 새 인류가 탄생했다고 말해진다는 사실이다. 일컬어 '남매혼'이거니와, 그 신화적 의미가 만만치 않다. 하늘의 뜻에 따른 신성한 결합으로 그려지는 한편, 그 결혼을 통해 둥그런 살덩어리나 커다란 호박 같은 기형적 존재가 태어났다고도 한다. 세계의 갱신과 인류의 재탄생에 빛과 그림자가 함께한 상황이다.

세상을 휩쓴 대홍수와 죽음 속에서 새로 태어난 인류.

그것은 구원일까, 아니면 재앙일까?

나를 죽이는 홍수,
재앙과 구원 사이에서

세상을 휩쓴 대홍수와 수많은 생명의 몰살은 그 자체로
크나큰 재앙이다. 더구나 그 재앙을 신들이 멋대로 일으
킨 경우는 더 말할 것도 없다. 중국 신화를 두고 한 얘기지
만, 꼭 그것만은 아니다. 수메르나 히브리, 그리스 등에서
인간의 불경에 대한 신의 분노를 말하고 있거니와, 그 분
노와 징벌이 충분히 정당한지 의문을 가져볼 수 있다. 신
의 입장에서 부린 일방적 권세나 횡포가 아니냐는 것이다.
신이라는 거대한 존재 앞에 인간은 약자일 수밖에 없다.
어떻게든 스스로를 지키며 살길을 찾으려 발버둥치는 인
간에게 대홍수나 쓰나미, 태풍과 한파 따위를 앙갚음으로
안기는 일이란 너무 가혹한 것 아닌지….

하지만 또 한편으로 우리는 알고 있다. 인간만이 주인
일 수 없는 이 세상에서 인류가 자신만의 욕심에 의해 어
떻게 '선線'을 넘어버리는지를. 그리하여 세계를 결정적인
혼란과 위기에 몰아넣는지를. 현대식으로 표현하면, 지구
생태계를 위협하는 가장 위험한 동물은 거의 예외 없이 인
간이다. 인간이 유아독존의 독선과 무소불위의 오만으로

날뛸 때, 신의 징벌은 엄중한 자업자득이고 인과응보일 수 있다. 그 오만의 귀결이 인간과 세계의 공멸이라고 할 때, 홍수를 통한 씻김과 갱신은 하나의 구원이라고 할 수 있다. 그런 과정이 없었다면 인류는 완연한 괴물이 되어 있을지도 모른다. 아니, 괴물로 존재할 세상 자체가 무너져 사라진 상태일지도 모른다.

인간과 세계, 또는 문명과 자연이라는 관계로 사유할 때 이 문제적 화두에 대한 답은 아무래도 재앙 쪽으로 기울 것이다. 인간을 비롯한 뭇 생명이 대홍수에 휩쓸려 비명 속에 몰살하는 모습을 두고서 구원이라 말하기는 어렵다. 하지만 이를 심리적 상징 차원에서 볼 때는, '자기서사' 차원에서 볼 때는 얘기가 달라진다. 욕망과 갈등 속에서 나의 존재가 스스로 허물어져 간다면, 턱없는 오만이 신으로 표상되는 본원적 규준을 깨고 폭주한다면, 그것이야말로 최악의 재앙일 것이다. 그때 필요한 것은, 홍수다. 가없는 물바다 속에 아득히 잠겨서 죽음을 경험하는 것이, 그를 통해 거듭나는 것이 구원의 길이고 생명의 길이다. 일컬어 '죽음의 통과의례'다. 나의 존재가 부조리로 가득할 때, 나는 죽어야 다시 태어날 수 있다.

홍수 신화 속의 인간은 방주 속에서, 또는 조롱박 속에서 긴 잠행의 시간을 거친 뒤 되살아났다고 한다. 바깥은 온통 물바다. 거기 떠서 흔들리는 방주나 조롱박에는 어떤 작은 구멍도 없었다. 죽음과도 같은 깜깜한 감옥이다. 일 컬어, 연옥煉獄! 그 시간이 아득히 이어진 끝에 그는 마침내 되살아난 것이었다. 누군가 하면 신을 경배하는 존재로. 말하자면 그 홍수는 태초의 물이며, 방주는 태초의 알이라 고 할 수 있다. 그렇게 본래의 자기로 아득히 돌아감으로 써 그는 갸륵한 새 생명으로, 영원의 존재로 부활할 수 있 었던 것이다. 그렇다면 이는 진정한 축복이고 구원인 것 아닐까?

그것은 먼 옛날 남의 이야기가 아니다. 다름 아닌 나 자 신의 이야기다. 독선과 오만으로, 배타적 욕망으로 스스 로 무너지고 있는 나. 홍수를 부르고 있는 중이다. 그런 나 에게 필요한 것은? 바로 '방주의 서사'다. 홍수가 이미 밀 어닥친 상태에서 깜깜한 방주의 시간을 갖는 것은 최선의 길일 수 없다. 스스로 방주의 시간을 가짐으로써, 깊은 침 잠과 재탄생의 시간을 거침으로써 재난의 도래를 막고 평 화를 지켜가는 것이 최선이다. 시늉으로는 안 된다. 진정 한 성찰이고 거듭남이어야 한다. 저 위에서, 이 안에서 신 이 지켜보고 있다. 피할 길 바이 없는 형형한 두 눈으로!

미완의 통과의례와 현 세상의 두 길

한국 신화로 오기까지 길이 멀었다. 한국에 홍수 신화가 있느냐면, 물론 그렇다. 엄밀히 말하면 '신화적 서사'들이다. 홍수 신화에 해당하는 내용을 담고 있는 이야기들이 전설과 민담의 형태로 전해왔다. 먼저 백두산 지역 전설. 천지天池에 대홍수가 발생하자 여와의 증손녀가 내려와 바윗돌로 물을 막은 뒤 그 바위들을 돌바늘로 기워 고정시켰다고 한다. 다음, 대홍수 전설. 온 세상이 큰물에 잠겨서 모두가 죽었을 때 단둘이 살아남은 남매가 하늘의 뜻을 물어서 서로 결혼한 뒤 자식을 낳아 새로운 인류를 탄생시켰다고 한다. 두 가지 이야기 다 동아시아 홍수 신화의 맥락 안에 드는 이야기들이다.

한국의 가장 인상적인 대홍수 서사는 특이하게도 민담 속에 있으니 〈나무도령(목도령)〉 이야기가 그것이다. 이 설화는 구전으로 널리 전해왔는데, 타락한 세상을 주요 배경으로 삼는 것이 특징이다. 제 욕심만 찾는 사람들이 가득한 세상. 이야기는 그 모든 사람들이 죽어서 사라졌어야 하는 것으로 말한다. 예외는 단 한 사람, 나무의 아들로서 본래의 자연성을 지키고 있었던 나무도령뿐이었다. 세상은 대홍수로 휩쓸려 사멸하고 나무도령만이 아버지 나무에 올라타 살아남는다. 그것이 신의 선택이었다.

하지만 신의 계획은 어긋나버린다. 아버지 목신木神의 만류에도 불구하고 나무도령은 물에 휩쓸려 죽어가던 한 소년을 건져서 나무 위에 올린다. 그리고 그 소년은 자기를 살려준 나무도령을 보란 듯이 배반한다. 그를 어떻게든 꺾어 누르고 자기가 세상의 주인공 자리를 차지하려 한다. 나무도령은 소년의 모략과 폭력을 이겨내고 제자리를 지키지만, 소년은 사라지지 않는다. 나무도령과 함께 인류의 또 다른 조상이 된다. 지금 이 세상을 사는 우리들은 나무도령의 후손이기도 하고, 소년의 후손이기도 하다.

〈나무도령〉은 신화가 아닌 민담으로 전해온다. 그것은 이 이야기가 신화라 하기에는 불완전한 미완결의 상태이기 때문일지도 모른다. 홍수에 의한 씻음과 재창조가 오롯이 완수되지 않은 상황을 두고서 하는 말이다. 재앙을 가져온 욕망과 배반의 삶은 이야기 속에서 현재진행형이다. 우리가 현실 속에서 경험하고 있는 그대로다.

매우 신화적인 동시에 사회적이기도 한 이 이야기에 대하여 나는 이를 또한 자기서사로 사유한다. 불완전한 갱신은 곧 나의 일이다. 내 안에 나무도령과 배반의 소년이 공존한다. 스스로 소년을 건져서 살려두었기 때문이다. 온전히 나 자신을 죽여서 거듭나지 못했기 때문이다.

태생적 불완전함에 따른 숙명이라 할 수 있을지도 모르겠다. 문제는 배반의 소년이 주인 자리를 차지하려 한다는 사실이다. 내 안의 나무도령이 자칫 종적을 잃어버릴 상황이다. 그 결과가 무엇인가 하면 이전보다 더 큰 홍수일 것이다. 회복 불가능한 진짜 죽음을 초래할 최악의 홍수. 방주의 시간이 필요하다. 그 태초의 시간 속에서 내 안의 나무도령을, 내 안의 신을 찾아야 한다. 그가 내 삶의 오롯한 주인이 되도록 해야 한다.

홍수 신화의 완성을 향하여

〈나무도령〉을 일컬어 미완의 신화라 했지만, 살펴보면 그만이 아니다. 세계의 다른 홍수 신화들 또한 서사가 완성된 상태라고 하기 어렵다.

수메르나 바빌론 신화에서 인간이 살아난 것은 신의 본래 계획과는 다른 결과였다. 그리고 그리스 신화에서 던져진 돌덩이로부터 재탄생한 인류는 완전한 존재라 하기 어렵다. 중국 소수 민족 신화에서 기괴한 살덩이나 호박으로부터 생겨난 인간들도 마찬가지다. 그들은 자연적이고 소박한 존재이지만, 신과 거리가 있는 존재이기도 하다. 〈창세기〉나 인도 신화에서는 인류 재탄생이 훌륭히 이루어진 것처럼 보이지만, 그 또한 완전한 것이었다고 하기 어렵다. '의인'이었다고 하는 그들의 후손은 과연 오늘날 어떻게 움직이고 있는 것인지⋯. 나무도령의 서사가 소년의 서사를 이기고 있는가 하는 엄중한 질문 앞에서 말┋은 자꾸만 길을 잃는다.

결국 신화를 완성해가는 것은 우리 자신의 몫이다. 대

지진과 쓰나미, 태풍과 홍수, 살인적 폭염과 한파, 감염병 팬데믹…. 어쩌면 지금 인류는 이미 거대한 홍수의 물결에 접어들기 시작한 것일지 모른다. 그런 우리에게 과연 방주는 있는 것인지… 인간의 지능과 문명은 우리를 살릴 방주 구실을 할 수 있을지…. 진짜 문제는 바깥이 아니라 안에 있다는 점을 말하고 싶다. 만약 우리가 탄 방주가 광기로 가득한 '설국열차'가 돼버린다면, 항로를 이탈한 채 구멍이 나버린다면, 더 이상 돌아갈 곳은 없을 것이다.

신들의 경고는 이미 충분히 주어진 상태다. 선택은, 우리의 몫이다. 나의 몫이다. 이 한밤, 마음속 심연으로부터 큰물을 길어 올려서 나 자신을 까뭇 죽여본다. 죽지 않기 위하여.

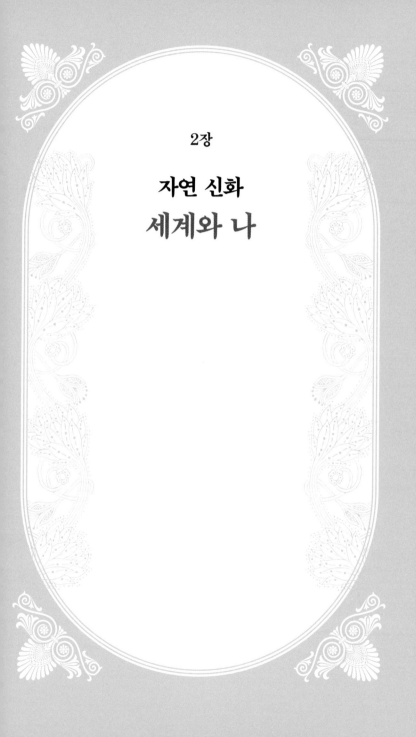

2장

자연 신화
세계와 나

신의 피, 신의 숨.
자연 만물은 본시 하나였다

미만한 신성의 증거, 대자연

신화는 신성의 이야기라고 했다. 그리고 신성은 우리 안에
도, 밖에도 있다고 했다. 우리 밖의 신성에 대해 증거가 있
느냐고 물으면 당연히 그렇다고 답하겠다. 무엇이냐고 묻
는다면 광대한 대자연에서 미물까지, 자연 만물 모두라고
답하겠다.

　지금 창밖에는 비가 주룩주룩 내리고 있다. 어젯밤까지
만 해도 달이 휘영청 떠 있던 하늘이었다. 열대야에 잠을
설쳤던 것이 두어 달 전 일인데 지금은 몸에 으스스 한기
가 스며든다. 자연의 일이란 얼마나 놀라운지. 인간의 경
험과 지식으로, 또는 과학기술로 그 흐름을 미리 헤아려
대비한다지만, 새 발의 피이고 빙산의 일각일 따름이다.

지진과 태풍, 해일과 홍수 같은 대자연의 위력 앞에 인간은 한갓 미물일 따름이다. 대자연만이 아니다. 보이지 않는 작은 것들이 그 이상으로 무섭다. 바이러스의 위력에 온 인류가 흔들리고 있지 않은가.

자연이 곧 신이다. 우리가 알고 있는 수많은 신들은 자연의 표상이다. 제우스와 토르Thor는 벼락과 천둥의 신이고, 아폴론Apollon과 해모수는 태양신이며, 포세이돈과 사해용왕은 바다의 신이다. 달과 별, 산과 강, 비와 바람과 물과 불, 모두가 신이다. 바위와 나무, 돌 같은 것들도. 사람들은 나무에 오색 끈을 매달고서 엎드려 절했고, 돌을 던져 쌓고서 두 손을 모았다. 그들 없이는 한순간도 존재할 수 없는 것이 인간이다.

세계 신화는 자연에 미만彌滿한 신성의 유래를 자연 만물 탄생의 역사에서 찾는다. 그 역사는 신령하고 놀라운 것인 동시에 낯설고 두려운 것이기도 하다. 자연은 신이 전해준 선물인 한편으로 신의 희생적 죽음에 따른 산물이기도 하다. 그 역사는, 엄중하다.

태초의 큰 신, 만물을 만들다, 낳다

많은 사람들은 태초에 전능한 신이 위대한 창조주로서 자연 만물을 만들어낸 것으로 여긴다. 일련의 계획에 따라 착착 완수된 대창조의 역사. 〈창세기〉의 영향으로 널리 퍼진 신화적 이미지다. 〈창세기〉는 신이 첫날에 빛이 생기라 하자 그대로 되어 밤과 낮이 나뉘고, 둘째 날 창공이 생기라 하자 물이 갈라지며 하늘이 생겼다고 한다. 이어서 땅이 모습을 드러내 풀과 나무가 자라고, 하늘에 해와 달과 별이 뜨며, 바다와 하늘과 지상에 물고기와 새와 길짐승이 자리 잡는다. 그 정점은 여섯째 날의 인간 창조였다. 신의 모습대로 인간이 만들어지고 자연 만물은 그에게 선물로 주어진다. 거룩한 안식일의 평화까지 그야말로 완벽한 창조다. 대자연과 뭇 생명이 아름다운 조화를 이루는 태초의 낙원 에덴동산. 그 원형적 유토피아의 이미지는 강한 힘으로 마음을 잡아끈다.

하지만 태초의 평화는 영속할 수 없었다. 잘 알듯이 이 세상은 험하고 복잡한 곳이다. 하늘과 땅, 또는 음陰과 양陽으로 표상되는 대극의 기운이 간단없이 부딪쳐 얽히는 격동의 공간. 아담과 하와가 욕망에 이끌려 선악과善惡果를 먹음으로써 에덴동산이 닫힌 일은, 그리하여 인간이 자연 만물 속에서 부대끼는 하나의 미물이 된 일은 필연이었다고 할 수 있다. 정확히 말하면, 태초의 낙원은 현실적 실체라기보다 하나의 신화적 이데아 같은 것이었다고 봄이 어울린다.

종교적 가공이 상대적으로 덜한 신화에서, 자연 만물 탄생의 역사는 더 야생적이면서도 극적인 형태로 표현된다. 인도 신화에서 세상 만유를 낳은 것은 브라흐마의 '생각'이었다. 그의 명상 속에서 뭇 신이 나오고, 인간과 귀신이 나오며, 새와 동식물과 사물이 나온다. 자연 만물이 신의 피조물이 아닌 '자식'이 되는 관계다. 비슷한 내용을 이집트 신화에서도 볼 수 있다. 신화에서 바람의 신과 비의 신 같은 자연신들은, 그리고 갖가지 초목과 동물, 새와 벌레, 물고기, 인간 남녀 등은 태초의 창조신 라(레)의 '생각'에 의해 창조된다. 여기서 생각은, 브라흐마의 그것과 마찬가지로, 본원적인 섭리 내지 기운에 해당하는 무엇이라고 보면 틀림없다. 자연 만물은 그 자체 신의 현현인 셈이다.

그리스 신화는 자연의 표상에 해당하는 여러 신들의 탄생 과정을 더 계기적이고 역동적인 형태로 서술한다. 태초의 거대한 혼돈으로부터 가이아(대지)와 닉스(밤), 에레보스(어둠), 타르타로스(지하 세계), 에로스(욕망) 등이 생겨나며, 가이아가 우라노스(하늘)를 낳은 뒤 그와 결합해서 외눈박이 키클롭스족과 괴물 헤카톤케이로스족, 거인신 티탄족 등을 낳는다. 가이아와 우라노스가 낳은 기괴한 자식들은 크고 거친 야생의 자연을 표상하는 존재로서 성격을 지닌다. 그들이 더 많은 자연신들을 낳고 사라지면서 세상 만물은 새로운 질서를 갖추게 되거니와, 진화론적이고 형성적인 창조 서사에 해당한다. 갈등과 투쟁의 요소를 포함한 역동적 창조 서사이기도 하다.

이들 모든 신화에서 눈여겨봐야 할 한 가지는 자연 만물의 생명적 연결성이다. 신의 피조물로 만들어졌든 신의 자식으로 태어났든, 이 세상 자연 만물은 모두 같은 뿌리를 가진 혈족으로서 성격을 지닌다. 그들은 신의 기운을 간직한 채로 살아 있으며, 서로 긴밀히 연결되어 하나의 세계를 이룬다. 그 속에는 물론 인간도 포함된다. 신화에서 인간은 여타 자연물과 구별되는 특수한 창조물로 말해지기도 하지만, 별도의 딴 세상으로부터 온 것은 아니다. 우리는 이미 세계 여러 신화에서 인간이 흙과 물로, 또는 돌이나 나무, 옥수수와 벼 등으로 만들어진 것으로 말해지고 있음을 본 바 있다. 신화에서 자연은 인간의 아버지이고 어머니다. 또는 형제자매다. 거대한 뿌리로 연결된. 한시도 끊어져 존재할 수 없는.

태초의 큰 신, 쓰러져 자연이 되다

세계 신화 속의 자연 창조 서사는 평화롭고 순탄한 것보다 극적이고 격렬한 것이 더 많다. 그리스 신화는 오래된 신의 죽음에 이은 새로운 신들의 탄생에 대해 말하거니와, 신의 죽음과 해체는 여러 창조 신화의 두드러진 내용을 이룬다. 특히 눈길을 끄는 것은 '신의 시체'라는 이미지다. 쓰러져 허물어진, 또는 갈가리 찢긴 거대한 신의 시체…

생각만으로도 두려움이 느껴지는 그것은 그 뒤에 어떻게 되었을까? 신들의 시체는, 사라지지 않는다. 자연 만물로 거듭난다. 일컬어 사체화생死體化生 화소다. 창조 신화를 이해하고 이 세상의 체계를 이해함에 있어 중대한 의미를 지니는 요소다.

사체화생 화소는 전 세계 수많은 신화에서 확인된다. 먼저 메소포타미아의 바빌론 신화. 대양의 신 티아마트는 수많은 신들을 낳은 큰 어머니였는데, 어느 날 젊은 신 마르두크Marduk의 희생물이 된다. 마르두크가 뱃속에 집어넣은 바람과 화살에 의해 쓰러져 몸이 두 동강 나고 머리가 산산이 바수어진다. 그녀의 갈라진 두 몸은 하늘과 땅이 되고, 타액은 구름과 바람과 비가 되며, 독毒은 안개가 된다. 두 눈에서는 티그리스강과 유프라테스강이 흘러나온다. 그렇게 태초의 여신은 그 자체로 자연 만물이 된다. 우리가 그 안에서 숨 쉬고 있는 대자연은, 신의 몸이다. 사람들의 생명의 젖줄이 된 두 강을 이룬 여신의 눈물은 어쩌면 피눈물이었을지도 모른다. 그 신화적 이미지는 '선물'보다 훨씬 강렬하다. 자연은 우리의 소유가 아니다. 경건한 존숭의 대상이다.

북유럽 신화에서 티아마트에 해당하는 존재는 이미르Ymir다. 니플헤임과 무스펠헤임의 대극이 만나면서 생겨난 거대한 첫 생명. 남자도 여자도 아니고 모두이기도 했던 태초의 거인 이미르는 자신의 후손이기도 한 보르Bor 신의 세 아들 오딘Odin과 빌리Vili, 베Ve에 의해 죽임을 당한다. 그가 죽어야 세상이 생겨날 수 있었다고 한다. 이미르의 거대한 주검은 무엇이 되었을까? 홍수처럼 흘러나온 피는 바다를 이루고, 몸은 굳어서 땅이 되며, 뼈는 산과 절벽이 된다. 부서진 뼛조각과 이빨은 바위와 돌과 모래가 되고, 머리카락과 털은 나무와 풀이 되며, 두개골 속의 뇌수는 하늘을 떠가는 구름이 된다. 일부 신화는 이미르를 흉한 괴물처럼 묘사하지만, 그럴 리 없다. 세상이 가히 감당할 수 없었던 태초의 크나큰 신성, 그가 곧 이미르다. 그 신성은 자연 만물 속에, 살아 있다. 오딘이나 토르에 앞서 우리는 그에게 경배해야 하는 것 아닐까?

사체화생 신화로는 타히티 신화도 빼놓을 수 없다. 타히티 신화에서 죽어서 자연물이 된 존재는 창조신 타아로아다. 태초의 알을 깨뜨려 세계를 이룬 타아로아는 제 몸을 갈기갈기 찢어서 자연 만물이 된다. 그 살은 땅이 되고 척추는 산맥이 되며 깃털은 초목이 된다. 내장은 바닷가재와 새우와 뱀장어가 되고, 피는 무지개와 황혼이 된다. 하늘에 피어나는 무지개와 황혼이 창조신의 피라는 것은 얼마나 장엄한지! 무지개를 낳은 비는 신의 눈물이고, 황혼을 이루는 태양은 신의 심장일지도 모른다. 크나큰 대자연만이 아니다. 사람들이 잡아서 먹는 바닷가재와 새우 같은 미물 또한 신의 몸이다. 어찌 그렇지 않을까. 그것 없으면 살 수 없는 신성한 생명인 것을! 아메리카의 휴런족 신화에서 하늘 여신의 눈물로 적셔진 대지 여신의 주검에서 옥수수와 콩과 호박넝쿨이 움텄다고 하는 내용도 신화적 의미가 이와 다르지 않다. 내가 조금 전에 먹은 밥과 호박과 고구마는 신의 몸이었던 터다. 하늘의 눈물을 먹고 자라난. 맛없다는 투정은, 또는 배부르다는 푸념은 얼마나 값싼 사치인지!

인도 신화에서도 하나의 인상적인 사체화생 서사와 만날 수 있다. 인도 신화는 브라흐마의 생각에 의한 만물 탄생을 말하는 한편으로, 천 개의 머리를 가진 원시 거인 푸루샤Purusha의 희생을 통한 자연 생성을 말한다. 죽어 쓰러진 푸루샤의 눈은 해가 되고 마음은 달, 머리는 하늘이 되며, 배꼽에서 대기가 나오고 겨드랑이에서 사계절이 생겨난다. 그 몸은 갖가지 계급의 인간이 되고 몸속의 기름은 동물이 되었다고 한다. 대기와 사계절의 유래 외에, 푸루샤의 마음이 달이 되었다는 내용이 마음을 잡아끈다. 마음과 마음의 통합일까? 자연물 외에 인간과 동물 또한 푸루샤의 한 몸이 변한 것이라는 내용도 인상적이다. 모두가 신의 동질적 현현이라는 말이다. 거기서 굳이 계급을 가르며 차별을 행하는 자, 천벌을 받을지언저!

중국 신화 속의 반고 이야기는 전 세계 사체화생 서사

의 결정판이라 할 만하다. 태초의 알 속에서 1만 8000년 동안 잠을 자다가 깨어나 천지개벽을 이루어낸 반고는 팔과 다리로 하늘과 땅을 떠받치고 다시 1만 8000년을 자라난 끝에 결국 노쇠해져서 쓰러져 죽는다. 그렇게 죽은 반고의 몸은 무엇이 되었을까? 그의 피는 대양이 되고 눈물은 강이 되며, 팔다리는 산맥이 되고 살은 땅이 된다. 뼈와 이빨은 흩어져 바위와 광물이 되고, 털은 초목이 된다. 머리털은 수많은 별이 되고 두 눈은 달과 해가 된다. 그의 마지막 숨은 바람이 되고 목소리는 천둥이 된다. 기후 현상을 포함한 자연 만물 모든 것이 태초의 창조신으로부터 나온 셈이다. 다른 지역 신화와 비교하면, 반고 신화는 신이 자연사自然死에 해당하는 형태로 늙어 쓰러졌다고 하는 점이 눈길을 끈다. 무위자연無爲自然을 연상시키는 생명적 순환의 면모다.

반고 신화의 이설 가운데는 인간 탄생에 대한 특이한 서사도 담겨 있다. 인간 또한 반고의 몸으로부터 생겨났다는 것이다. 반고의 죽은 몸에 작은 벌레들이 생겨나 기어 다녔는데 바람이 이 창조물들을 수태시키자 그들이 인간을 낳았다고 한다. 여와가 흙으로 인간을 빚었다는 창조론적 서사가 많이 알려져 있지만, 나로서는 반고의 몸에서 자연 만물과 인간이 함께 생겨났다는 진화론적 서사에 더 마음이 끌린다. 한국 신화에서 금벌레·은벌레가 인간 남녀로 자라났다고 하는 것과 내용이 통한다는 점도 그렇지만, 인간을 포함한 자연 만물의 일원적인 연결성에 대한 사유가 고개를 끄덕이게 한다.

신화는 자연 만물과 인간의 생명적 연결성을 말한다. 무엇 하나 귀하지 않은 바 없는 것들의 신령한 연결이다. 그것이 세상 만유의 존재적 본령 아닐까? 모두가 함께 신의 숨을 쉬고 있는 것이. 그렇게 어울려 세계의 큰 숨을 이루는 것이.

〈산천굿〉 신화 속의 생명적 이데아

한국 신화를 관심 속에 살피게 되면서, 자연 창조에 관한 내용을 이리저리 찾아보았었다. 그리고 실망했었다. 자연 만물의 탄생에 대한 신화적 서사와 만나기 어려웠기 때문이다. 뒤섞여 하나였던 하늘과 땅이 갈라지면서 세상이 생겨나는 사연은 장엄했지만, 하늘의 청이슬과 땅의 흑이슬, 지상의 황이슬이 어울려 생명적 기운을 펼쳐내는 사연은 계시적이었지만, 거기까지였다. 창세 신화에서 인간 이외에 산과 강과 호수, 바위와 돌과 흙, 각종 동물과 식물 등에 대한 구체적 유래담을 만나볼 수 없는 것은 금하기 어려운 아쉬움이었다.

한국 구전설화에서 자연 산천 생성에 대한 서사는 주로

전설 속에 담겨 있다. 산과 바위, 호수 등의 유래를 전하는 수많은 전설들이 있다. 그 가운데 창조 신화와 관련이 깊은 것은 마고할미나 노고할미, 설문대할망 등으로 불리는 대모신大母神에 얽힌 이야기들이다. 그 거구의 여신이 몸을 움직이는 데 따라 산과 강, 골짜기 등이 만들어졌다고 한다. 설문대할망은 산과 오름, 섬 등을 만들기에 앞서 하늘과 땅을 갈랐다고도 한다. 설문대할망은 죽이 끓고 있는 거대한 솥에 떨어져 죽었다고도 하는데, 그 죽을 먹은 아들들이 오백장군 바위절벽이 되었다고 하는 내용에서 사체화생 신화의 면모도 보게 된다. 다만 대략 거기까지다. 자연 만물이 곧 여신의 화신化身이라는 것은 '상상 속의 진실'에 가까운 무엇이다.

사체화생 서사와 관련해서, 제주 구전 신화 자료 속의 청의동자가 새롭게 눈에 들어왔다. 신화는 땅에서 솟아난 청의동자의 머리 앞뒤로 두 개씩의 눈이 있었으며 천지를 가른 신이 그 눈들을 뽑아서 하늘에 걸자 두 개씩의 해와 달이 되었다고 말한다. 눈들을 가지고 있었으니 살아 있는 생명체였을 것이다. 원시 거인에 해당하는 태초의 푸르른 생명체. 그의 눈들은 해와 달이 되었다고 하거니와, 청의동자의 나머지 몸들은 어떻게 되었을까? 신화는 따로 사연을 전하지 않지만, 그 몸은 산과 바다와 강이 된 것 아닐까? 또는 구름과 바람과 바위와 돌 같은 것이 되고 갖가지 동물과 식물이 된 것 아닐까?

　매우 설득적인 추론이라고 여기고 있지만, 상상 차원의 일이다. 텍스트 속에 그 내용이 직접 담겨 있지 않다는 점은 못내 아쉬운 일이었다. 그러던 중 뒤늦게 만난 어느 구전 신화 자료에서 나의 눈은 둥그렇게 커졌다. 그 신화는 바로 함경도의 〈산천굿〉이었다. 이 신화의 이본인 최복녀 본 〈산천도량〉에는 다음과 같은 내용이 들어 있다.

　　그때에 붉은선비는 선생님을 하직하신 후에 선간 구경을 가는구나. … 일광산에 들어가니 나무들도 유명하다. 뿌리는 아흔아홉이요, 높이는 구천 길이라. 가지는 열두 가지요, 잎은 삼백육십 잎이 되옵시고, 꽃이라도 유명하다 두 포기가 피었는데 한 포기는 거기 두고 한 포기는 떼어내어 하늘에다 띄우시니 이 천하에 피었구나. 월공산에 들어가니 유명하다 이 꽃은 밤에 피는 꽃이로다. 한 포기는 거기 두고 한 포기는 하늘에다 띄우시고. 화덕산에 들어가니 불이라도 서말 서되가 있더구나. 반은 거기 두고 반은 이 천하에 띄우시고. 수용산에 들어가니 물이라도 서말 서되 있더구나. 반은 거기 두고 반은 이 천하에 띄우시고. 금하산에 들어가니 금이라도 두 쌍이 있습니다. 한 쌍은 거기 두고 한 쌍은 이 천하 너른 벌에 팔도 산에 띄우시고. 노루산에 들어가니 노루가 두 필이 있습니다. 한 필은 거기 두고 한 필은 이 천하 너른 벌에 팔도산에 띄우시고. 고사리산에 들어가니 고사리 두 쌍이 있습니다. 한 쌍은 거기 두고 한 쌍은 떼어다가 이 천하 너른 곳에 팔도 산에 띄우시고. 식목산에 들어가니 나무라도 두 쌍이 있습니다. 한 쌍은 거기 두고 한 쌍은 떼어다가 이 천하 너른 벌에 팔도 산에 심으시고. 꽃동산에 들어가니 꽃이라도 두 쌍이 피었는데 한 쌍은 거기 두고 한 쌍은 이 천하 너른 벌에 띄우시고.

― 최복녀본, 〈산천도량〉

주인공인 붉은선비가 하늘로 올라가 선간仙間을 구경하는 대목인데, 내용을 보면 단순한 경치 구경 이상이다. 이 세계가 창조되고 운행되는 원리가 그 안에 함축돼 있다. 선간 세계는 일광산과 월공산, 화덕산, 수용산, 노루산, 고사리산, 식목산, 꽃동산 등 여러 산들로 구성돼 있는데, 그 산들에 무엇이 있느냐면 이 세상 자연 만물의 원형태가 있다. 일광산 우주목에 두 개의 해가 있고, 월공산에 두 개의 달이 있으며, 화덕산과 수용산 등에 시원적인 불과 물, 광물(금), 동물(노루), 풀(고사리)과 나무, 꽃이 있다. 쌍을 이루고 있는 그들의 반쪽을 이 천하에 옮겨서 발현한 것이 곧 지상의 자연 만물이 된다. 위 대목에는 빠져 있지만, 인간도 예외는 아니다. 이야기 속의 붉은선비와 영산각시는 천상 선간으로부터 온 존재였던바, 저 시원의 공간에는 필시 '인간의 산'도 존재할 것이다. 자연 만물 뭇 생명의 근원이 되는 곳. 산천굿의 선간을 일컬어 '생명적 이데아'라고 해도 좋을 것이다.

이 신화에서 내 마음을 강하게 잡아끈 것은 자연 만물의 생명적 연결성에 대한 사유였다. 해와 달부터 노루와 고사리까지 세상 만유의 근원은 하나이며, 서로 나란히 연결돼 있다는 것! 일원적이고 수평적인 연결성이다. 본원적 생명계의 현상적 발현으로서 자연 만물은 '그림자'가 아니다. 하나의 생명적 실체다. 어느 것 하나 신의 기운과 섭리가 서리지 않은 바 없는. 그것은 거대한 신의 몸이다. 신의 피이고 숨이다.

2019년 11월에 돈화문 국악당에서 무박 2일로 25시간 넘게 펼쳐진 함경도 망묵굿 장면을 잊을 수 없다. 젊은 만신 이찬엽은 수많은 신들의 내력담을 한숨과 눈물을 섞어가며 가없이 펼쳐나갔다. 그가 〈산천굿〉을 펼쳐낼 때의, 예의 선간구경 대목을 펼쳐낼 때의 벅찬 감동이라니! 웅혼한 창세의 서사가, 신령한 생명적 연결의 서사가 눈앞에 생생히 펼쳐지는 그 시간은 오롯한 '신화의 시간'이었다. 참고로, 이찬엽 만신이 전승하는 선간구경 서사는 최복녀의 것보다 더 길고 섬세하다. 그의 선간에는 금하산과 함께 은하산도 있으며 말의 산(상마산)과 소의 산(우령산), 새의 산(조산·수리산)도 있다. 모름지기 구체적으로 말해진 바가 다는 아닐 것이다. 흙과 모래의 산도 있고, 물고기의 산과 곤충의 산도 거기 함께 있을 것이다. 자연 만물이라 부르는 모든 것들의 시원이….

시원적 생명계로서 〈산천굿〉 속 천상 선간의 이미지는 천지혼합 상태로서의 태초의 혼돈과는 많이 다르다. 천상계 속에 갖가지 생명의 산山들이 어울려 있는 형국이니, 하늘과 땅이 생명적 조화를 이루고 있는 모습이다. 세상 만유가 아름다운 시원적 조화를 이뤄내고 있는 곳. 말하자면 그것은 한국식의 '에덴동산'이라고 할 만하다. 그곳은 우리가 나온 곳인 동시에 세상을 하직한 뒤에 돌아갈 곳이기도 하다. 그것은 사라진 낙원이 아니다. 지금 이 순간도 어딘가에 실재하는 엄연한 유토피아다. 〈산천굿〉 구술 말미에 이찬엽 만신은 다음과 같은 축원을 올렸는데, 저절로 두 손을 모으지 않을 수 없었다.

이 탈 저 탈 벗기시고, 일천 탈도 거두시고 일만 탈도 거두시고, 이 길 저 길 나지 말고 선간길 내어 가옵소서. 학을 타고 승천하여, 신선이 되고 도사가 되고 성인이 되어 가옵소서.
— 이찬엽 구술, 〈산천굿〉

이 탈 저 탈 일천 탈 일만 탈, 탈이 하 많은 세상이다. 그것을 다 털어내고서 생명의 본향인 천상 선간으로 돌아가 평안히 깃들 수 있다면 얼마나 좋을까. 기독교의 '천국'이나 불교의 '극락'과 통하는, 인간의 본원적 이상이다.

하지만 그것은 저절로 성취되는 일일 리 없다. 이런저런 탈들에 휘둘리고 휩쓸려서 이 길 저 길 다른 길로 가기 십상이다. 신화 속의 붉은선비만 해도 그러했다. 하늘에 올라서 본원적인 생명적 섭리를 생생히 목도했음에도 그는 이를 자기 것으로 육화하지 못한다. 인간 중심의 문명적 아집에 휩싸여 자연에 함부로 손을 댔다가 자연신의 분노를 사서 죽을병에 걸린다. '산천 동티'로 표현되는 그 병에서 벗어나는 유일한 방법은 모든 오만과 독선을 내려놓고 자연 산천으로 들어가 무릎을 꿇는 일이었다. 신령한 자연의 일부로 돌아가는 일이었다. 그렇게 신의 몸과 하나가 되는 순간, 반전이 펼쳐진다. 죽을병은 사라지고 붉은선비는 한 명의 신이 된다. 신화적 역설이다.

참고로 〈산천굿〉에는 사체화생 서사에 해당하는 내용도 포함돼 있다. 신화는 붉은선비의 무리한 개입으로 인해 죽어 쓰러진 자연신 '일학이'의 타버린 몸이 팔도 명산의 영靈이 되고 나무와 꽃과 돌의 영이 되었다고 한다. 또는 물에 깃들어 물고기가 되었다고 한다. 죽어도 다시 살아나서 뭇 생명의 시원이 되고 양식이 되는 신의 몸…. 더없이 갸륵하다. 감동적일 정도로.

　우리가 잊지 말아야 할 것은 거기 눈물이 깃들어 있다는 사실이다. 일학이는 쓰러져 죽기 전에 붉은선비와 영산각시 앞에서 눈물을 줄줄 흘린다. 그 눈물은 바빌론 신화 속 티아마트의 눈물이나 휴런족 신화 속 여신의 눈물과 다른 것일 리 없다. 우리가 신의 희생 앞에 경건해지지 않을 때, 천상 선간은 없다. 이 탈 저 탈에 휘둘리는 허튼 육신과 미망迷妄이 있을 따름이다.

자연의 말소리를 듣기 위하여

한국 신화에서 자연 만물의 생명적 일원성에 대한 서사는 단지 〈산천굿〉에만 있는 것은 아니다. 창세 신화 자료인 〈창세가〉와 〈셍굿〉에는 다음과 같은 대목이 있다.

> 미륵님 시절에는 나무·돌·짐승 무엇이나 막론하고 다 말을 하였습니다.
> ─〈창세가〉

> 그때 그 시절에는 새가 말을 하고 나무들이 걸음 걷고 까막까치 말을 하고, 이런 시절입니다.
> ─〈셍굿〉

신화는 태초의 미륵 시절에 짐승과 새와 나무, 돌까지 모든 자연물이 움직이면서 말을 했다고 한다. 말을 한다는 것은 그들이 살아 있는 주체였음을 단적으로 나타낸다. 그들의 말은 사람하고도 통하는 말이었을지니, 인간과 자연 만물은 본시 나란히 소통하는 사이였던 터다. 원형적인 생명적 연결성이다.

그런데 어느 순간, 그 본원적 연결성은 끊어져버린다. 인간이 나무를 잘라서 불태우고 짐승을 잡아서 구워 먹기 시작하면서 벌어진 단절이다. 신화는 그때부터 자연 만물이 말을 잃게 되었다고 하거니와, 진실을 말하자면 그들이 말을 멈춘 것이 아니라 인간이 그들의 말소리를 듣지 못하게 된 것이라 할 수 있다. 오로지 자기들만의 언어를 내지르게 되면서….

자연 만물의 본연적 공생이 허물어지고 있는 상황에서, 스스로 죽어서 자연으로 거듭났던 신은 어떤 표정을 하고 있을까? 그 눈에서 다시 피눈물이 흐르고 있는 것 아닐까? 인간이 모르는 사이에, 자연 만물은 억울함과 분노로 비명을 지르고 있는 것 아닐까? 여럿인 동시에 하나인 거대한 신체神體는 바야흐로 다시 한번 크게 죽을 준비를 하고 있는 것일지도 모른다. 이 세계에 엄청난 재앙일 수밖에 없는 그 시간이 시나브로 다가오고 있는 것일지도 모른다.

나는 느낀다. 자연 만물로 화한 신들이 우리에게 계속 말을 건네고 있다는 것을. 그 목소리가 실망과 무력감으로 아득히 잦아들기 전에, 몸과 마음을 열고 다가가 자연의 말소리에 귀를 기울여야 한다. 또는 먼저 말을 걸어야 한다. 그 첫 마디는, '고맙다'거나 '사랑한다' 쪽이면 안 될 것 같다. '미안하다'고, '잘못했다'고 말해야 할 것 같다. 섣불리 먼저 손을 내밀어 감싸 안기보다 몸을 낮추고서 그들의 손 내밂을 구해야 할 것 같다. 쓰러져 죽은 신들의 눈물을 생각한다면. 말을 잃어버린 존재가 돼버린 자연 만물의 소외를 생각한다면.

조용히 눈을 감고 손을 모아본다. 세상 만유 속의 천상 선간이 차락차락 살아나기를! 하나의 신령한 큰 숨결로 아름답게 이어지기를!

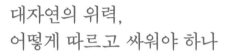

대자연의 위력,
어떻게 따르고 싸워야 하나

자연 또는 신의 두 얼굴

신의 피, 신의 숨이 자연 만물 속에 흐르고 있다고 했다. 자연은 그 자체로 하나의 큰 신이다. 인간을 비롯한 뭇 생명은 그 신의 자궁으로부터 태어나서 살아가다가 그 품으로 되돌아간다. 자연은 우리가 언제라도 따르고 존중해야 할 큰 어머니 같은 존재다. 일컬어 대모신!

하지만 대자연이라는 어머니는, 현실 속의 어머니가 그러한 것처럼, 늘 인자한 것만은 아니다. 자연은 자체의 존재 원리와 생명적 체계에 따라서 움직인다. 인간은 자연의 존재 이유가 아니다. 하나의 작은 요소일 뿐이다. 어쩌면 무시해도 그만일 수 있는. 자연은 인간에게 필요한 삶의 터전과 자양분을 제공하지만, 가차 없이 인간을 공격하기도 한다. 거듭되는 자연재해가 그것이다. 하지만 '재해'라는 것은 인간 입장에서의 표현일 따름이다. 자연은 묵묵히 제 나름의 체계 속에서 유동할 따름이다.

인간에게 있어 자연이라는 신은 두 얼굴을 지닌 존재다. 그것은 때로 자애로운 어머니처럼 우리를 감싸지만 때로는 감당키 어려운 위력으로써 힘없는 인간을 꿀꺽 집어삼키려 든다. 대지진과 홍수, 태풍과 대가뭄 같은 재앙 앞에 놓인 인간은 호랑이 앞의 하룻강아지일 따름이다. 자연이라는 호랑이는 인정사정없을 뿐 아니라, 한마디 말도 없다. 원망해봤자 소용없고, 속절도 없다. 아픔만 커질 뿐이다.

자연이라는 큰 신의 일방적이고 압도적인 위력 앞에서 인간은 어떻게 해야 하는 것일까? 어쩔 수 없는 일로 받아들이고 순종해야만 할까? 자연에 순응함은 인간의 마땅한 도리이지만, 고정불변의 원칙이라 하기는 어렵다. 세상의 모든 살아 있는 것들은 제 생명을 지키고 발현하는 것을 절대적 과제로 삼는다. 이것이야말로 불변의 법칙이다. 인간 또한 마찬가지다. 호랑이 발톱 앞의 강아지가 어떻게든 살길을 찾아야 하는 것처럼, 자연의 공격 앞의 인간은 최선을 다해서 살길을 찾아야 한다. 필요할 경우, 온몸으로 부딪쳐 싸워야 한다.

세계의 수많은 신화는 그 싸움에 대한 사연들을 전한다. 신화의 서사는 인간의 치열한 생존 투쟁의 역사라고 보아도 좋다. 생존이라는 본연적 몸짓 앞에는 신도 예외일 수 없다. 인간은 신의 노예가 아니며, 장난감도 아니다. 그 자신이 하나의 신이다. 스스로의 생명적 가치를 지키고 발현하는 것은 둘도 없는 신성한 과업이다.

태초의 거인신은 왜 죽어야 했나

세계의 수많은 신화는 신의 죽음을 말한다. 그 첫머리에 놓이는 것은 태초의 창조신의 죽음이다. 태초의 알이나 바다로부터, 또는 아득한 혼돈으로부터 이 세상을 창조한 여러 신들은 거의 예외 없이 죽음을 맞이한다. 중국의 거인신 반고는 스스로 쓰러져 죽었다고 하거니와, 바빌론 신화 속의 어머니신 티아마트나 북유럽 신화의 거인신 이미르는 갈가리 찢겨 죽임을 당한다. 타히티의 창조신 타아로아는 스스로 제 몸을 찢어서 자연 만물이 되었다고 하는데, 어쩌면 그 또한 살해된 것일 수 있다. 누구에게서인가 하면, '역사'에 의해서. '인간'에 의해서.

티아마트를 죽인 마르두크나 이미르를 죽인 오딘 삼형제는 신이었다. 어떤 신인가 하면 젊은 신. 태초의 거인신에 대해 인간이 새롭게 발견하고 모시게 된 신이거니와, 그들의 형상에는 인간의 새로운 정체성이 반영되어 있다. 태초의 인간이 자연의 거대한 힘을 무조건적으로 받아들였다면 그들은 이제 거기 맞서면서 체계 조정에 나선 것이었다. 문명과 문화의 발달에 따른 인간과 자연, 또는 인간과 신 관계의 재구성이다. 말하자면, 비바람 맞으며 야수에 쫓기던 삶에서 집을 짓고 들어앉아 안전을 꾀하는 삶으로의 변화다. 스스로의 생명적 가치와 존재성을 발현하기 위한 선택이었다. 이제 인간을 지켜주는 것은 거대한 자연신이 아닌 마을신과 가택신, 농경신, 사랑의 신과 의술의 신 같은 문명신들이다. 그렇게 태초의 거인신은 역사 저편으로 물러간 것이었다.

이러한 문명사적 과정은 그리스 신화에 생생하게 잘 담겨 있다. 태초의 혼돈에 이어서 탄생한 가이아와 우라노스, 닉스 등은 원초적 자연신의 면모를 지닌다. 압도적인 힘을 가진 거대한 신이다. 그 신들의 시대에 있어서 하늘이나 땅, 또는 어둠은 하나의 거대한 전체였다고 할 수 있다. 일컬어 원시적 대자연! 그러나 시간이 흐르며 상황은 변한다. 가이아와 우라노스로부터 수많은 거인들과 괴물들이 탄생하며, 밤의 여신 닉스로부터 다른 수많은 신들이 태어난다. 그렇게 분화된 자연신들은 아직 거칠고 큰 존재였으니 신화는 이를 티탄titan, 곧 '거인'으로 표현한다. 초기 단계의 재구성이다.

신화는 티탄족에 속하는 크로노스가 아버지 우라노스를 거세하고 세계의 주도권을 획득했다고 말한다. 하지만 그 또한 자식에 의해 죽을 운명이었다. 크로노스는 자식들을 통째로 삼켜서 이를 막으려 하지만, 세상의 변화를 거스를 수는 없었다. 결국 그는 자신의 여섯 째 아들이었던 제우스의 공격을 받고서 삼켰던 자식들을 토해낸 뒤 아득히 유폐된다. 이 세상은, 또는 인간은 시대에 맞는 새로운 신들을 필요로 했던 것이다.

그리스 신화에서 제우스를 비롯한 올림포스의 여러 신들이 세계를 주재하게 된 과정에는 이처럼 인류의 문명사적 곡절이 반영돼 있다. 이야기에서 크로노스나 제우스가 맏이가 아닌 막내인 것은 '젊고 새로운 힘'의 역할을 표상한다. 특징적인 것은 그 새로운 신은 지배권을 홀로 독점하지 않고 분점하는 쪽으로 움직인다는 사실이다. 제우스는 올림포스 12신 중의 하나로서 한정된 역할을 하며, 많은 경우 그가 아닌 다른 신들이 나서서 움직인다. 이를 문명사적으로 해석하면, 사람들이 원시의 크고 거친 힘에 대하여 다양한 직능별 분화를 이룬 새로운 세계 질서를 구축한 것으로 볼 수 있다. 그것은 저절로 이루어진 일이 아니다. 자연의 큰 힘과 싸워온 긴 투쟁의 결과물이다.

잘 알듯이 제우스는 벼락을 부리는 존재로서, 그 자신이 한 명의 큰 자연신이다. 제우스는 신들을 통솔하며 인간을 보살피는 한편, 예측할 수 없는 방식으로 인간을 침탈하거니와 그 형상에는 자연의 양면성이 반영돼 있다. 포세이돈이

나 아폴론 같은 다른 신들 또한 마찬가지다. 사람들은 그들을 존중하고 따르지만, 그 또한 영원한 것이라 할 바가 아니다. 많은 사람들이 제우스보다 아프로디테나 에로스, 디오니소스Dionysus 등에 이끌려 그를 따르는 것은, 또는 아킬레우스Achilles나 헥토르Hector, 지그프리트Siegfried 같은 영웅에 열광하고 프시케나 나르키소스, 오이디푸스Oedipus, 안티고네Antigone 등의 인간적 서사에 공명하는 것은 우연이 아니다. 21세기에 접어든 오늘날, 어쩌면 그 신의 자리는 BTS나 블랙핑크 같은 '아이돌idol'들이 차지하고 있는 것일지도 모른다. 또는 테슬라의 일론 머스크나 카카오의 김범수 같은 성공 신화의 주인공들이….

여기서 한 가지 잊지 말아야 할 것은 태초의 거대한 창조신이나 거인 등이 사라져 없어지지 않았다는 사실이다. 반고나 티아마트, 타아로아 등은 자연 만물 속에 살아 숨 쉬고 있다. 그들이 크게 힘을 내면 세상은 요동한다. 북유럽 신화 속의 태초 거인 이미르는 죽임을 당하지만, 그 자손들 중 한 명인 베르길미르Bergelmir는 살아남아서 또 다른 수많은 거인들을 낳는다. 그리스 신화 속의 크로노스도 죽어 없어진 것이 아니다. 그에 앞선 대지의 신 가이아도! 한국 신화의 경우도 마찬가지다. 태초의 거인신 미륵은 죽지 않고 사라졌을 따름이다. 대모신 마고나 설문대할망 또한 대자연 속에 큰 힘으로 깃들어 있다.

요컨대, 문명의 역사가 인간과 자연의 관계를 재구성했다는 것은 단지 부분적인 진실일 따름이다. 인간이 감히 자연 앞에 오만해질 때, 자연을 충분히 통제하고 이용할 수 있다고 착각할 때, 대재앙은 불시에 도래할 수 있다. 인간의 생명적 투쟁은 자연의 큰 체계 속에서 이루어져야 한다는 점을 언제라도 잊어서는 안 된다.

자연의 재앙,
운명적으로 맞설 수밖에 없는

자연의 재앙은 맞닥뜨리지 않는 것이 최선이다. 그러나 그것은 인간으로서 가히 피할 수 없는 무엇이다. 혹은 인간의 잘못에 의해서, 혹은 인간이 어찌할 수 없는 본원적 힘에 의해서 자연재해는 불현듯 우리 사는 세상을 덮친다. 그때 인간이 할 일은? 맞서 싸워서 살아남는 일이다. 그것이 자연의 순리이고 생명의 법칙이다.

세계 신화는 자연에 맞선 인간의 투쟁사를 다양한 상징적 서사로 담고 있다. 먼저 볼 것은 최초의 신화로 일컬어지는 길가메시Gilgamesh 서사시다. 이 신화에서 특별히 주목할 대목은 '하늘 황소'에 대한 부분이다. 신화는 전쟁의 여신이자 하늘과 땅의 여왕인 이슈타르Ishtar가 영웅 길가메시 왕에게 구애했다가 보기 좋게 퇴짜를 맞는 내용이 나온다. 인간이 자연신을 얕보고 밀쳐낸 일이었거니와, 이는 신의 복수로 이어진다. 이슈타르가 하늘신 아누Anu로부터 하늘 황소를 받아서 지상으로 내려오자 숲이 마르고 꽃밭과 풀밭이 마른다. 황소가 유프라테스 강물을 마시자 바닥을 드러낼 지경이 되고, 콧김을 내쉬자 땅에 구멍이 나서 사람들이 함몰한다. 세상에 재앙을 가져온 이 황소의 정체는 무엇일까? 나는 그것이 명백히 대가뭄의 상징이라고 보고 있다. 하늘은 감히 자신을 능멸한 인간에게 무시무시한 응보를 내린 것이다. 오늘날 온난화에 따른 이상기후와 재앙을 연상시키는 서사다.

신화는 길가메시가 친구인 엔키두Enkidu와 더불어 영웅적인 활약으로 하늘 황소를 도륙해서 재앙을 없앴다고 말한다. 자연 재앙을 이겨낸 영도자의 대업적에 대한 존숭과 찬양의 서사다. 자연의 압도적 힘에 맞서서 그것을 이겨냈으니, 신의 공격을 보란 듯이 물리쳤으니 기념비적 승리임에 틀림없다. 하지만 그 과정은 순탄한 것이었을 리 없다. 수많은 사람들이 거대한 구멍(씽크홀)에 함몰됐다고 하지 않는가. 어쩌면 그것은 상처가 더 큰 쓰라린 영광이었을 수 있다. 자연재해에 맞서서 삶을 지켜낸다는 것은 그토록 엄중한 일이다. 피할 수 있다면 피하고 예방하는 것이 최선이다.

자연적 재앙에 맞서 그것을 이겨낸 이야기로는 한국에

도 인상적인 자료들이 있다. 흑룡에 얽힌 백두산 지역의 신화적 전설을 좋은 예로 들 수 있다. 이야기는 땅속으로부터 흑룡이 솟아나서 불칼을 휘두르자 물길이 막혀서 사람들이 살 수 없었다고 한다. 흑룡이 해를 삼키는 바람에 오래도록 암흑 세상이 이어졌다고도 한다. 여기서 흑룡은 명백히 화산火山의 표상으로 볼 수 있다. 화산의 폭발로 검은 연기가 솟아올라 세상이 깜깜해지고 용암과 화산재가 대지를 뒤덮어버린 상황이다. 사람들이 가히 감당할 수 없는 엄청난 재앙이다.

모두가 살길을 찾아 그곳을 떠날 때 감히 흑룡과 맞선 영웅이 있었으니, 백장군이라는 청년이었다. 그는 삽으로 땅을 파서 덮여버린 물길을 찾아내고, 흑룡의 불칼을 멈추기 위해 분투한다. 죽음을 무릅쓴 절체절명의 싸움이었다. 백장군은 불칼에 찔려 쓰러진 위기를 가까스로 극복하고 마침내 거대한 물길을 찾아내거니와, 그렇게 솟아난 물이 백두산 천지天池가 되었다고 한다. 감히 화산에 맞서 싸우는 인간이라니, 장렬한 투쟁의 서사가 아닐 수 없다. 삶의 터전을 스스로 지키고 개척하는 것은 인간의 신성한 소명인바, 이 이야기는 한 편의 신화라 하기에 부족함이 없다. 인간의 신화!

하지만 자연 재앙은, 무작정 맞서 싸우는 것이 답은 아니다. 부딪칠 때는 부딪치되 물러설 때는 물러서는 것이 옳다. 이를 보여주는 이야기로 제주의 외눈박이 거인 전설을 들 수 있다. 이야기에 의하면 먼 바다에 사는 외눈박이 거인들이 나타나면 어부들의 배가 그의 손에 사정없이 박살났다고 한다. 어부들의 수호신인 영등할망이 사람들을 가까스로 구한 뒤 거인에 의해 산산이 찢겨 죽었다고도 한다. 이 외눈박이 거인의 정체는 무엇일까? 하나의 눈을 가진 거대한 괴물. 그것은 명백히 '태풍'의 표상이다. 감히 배를 몰고서 거기 근접하는 것은 자살행위일 따름이다. 어떤 신령한 수호신도 그 괴물을 이길 수 없다. 꽁꽁 피하고 숨어서 안전을 도모하는 것이 최선이다. '시간'이라고 하는 자연적 순리를 믿으면서. 영원히 이어지는 재앙은 없는 법이다. 스스로 그 속으로 들어가 파괴되지 않는다면….

드래곤 또는 호랑이라는 신과의 대면

백두산 전설 속의 흑룡은 좀 특별한 존재다. 동양에서 용은 대개 신성한 존재인데, 흑룡은 특별히 악귀처럼 말해진다. 정확히 말하면 '악신惡神'이다. 인간의 삶의 터전을 마구 헤집어놓는 파괴적 존재이기에 물리침의 대상으로 사유된 것이라 할 수 있다. 흥미로운 것은 그 이미지가 서양의 용(드래곤dragon)과 통한다는 사실이다. 서구 신화나 전설, 판타지 속의 용은 동양의 경우와 달리 대부분 악룡惡龍

으로서, 퇴치해야 할 괴물monster이다. 많은 영웅 서사가 용과의 치열한 싸움의 과정을 담고 있다.

한국의 신화 속 흑룡의 신화적 상징성은 서구 영웅 서사 속의 용들 또한 크고 거친 자연을 상징하는 존재일 가능성을 제기한다. 불을 뿜어대는 용의 이미지는 숲과 강물을 말리는 하늘 황소의 이미지와 밀접히 통한다. 서양의 용은 흔히 머리가 여럿 달린 괴물로 묘사되는데, 이는 예측 불가한 자연의 다면성과 연결된다. 용에 대해서 이를 '번개'의 상징으로 보는 시각이 있는데, 용의 형상과 특징이 다양한 것을 생각하면 또 다른 자연적 힘들로 연결될 가능성이 열려 있다.

용을 물리친 영웅에 대한 이야기로는 게르만 신화의 지그프리트 이야기를 대표적 사례로 들 수 있다. 이야기 속의 용은 흑화된 인간으로 말해지고 괴물 짐승에 가까운 형상으로 묘사되지만, 야생적 자연의 상징으로 볼 만한 요소들을 함축하고 있다. 황금 보화를 꽁꽁 숨긴 채 인간의 접근을 막는 용의 모습은 거칠고 험한 산을 연상시킨다. 이야기는 지그프리트가 용을 죽이고 심장을 맛보자 그의 귀에 새들의 말소리가 들려왔다고 한다. 여기서 용의 심장은 자연의 생명 체계를 응축한 정수精髓에 해당한다고 볼 수 있다. 용의 심장을 먹음으로써, 그리고 용의 피에 온몸을 적심으로써 지그프리트는 '자연을 정복한 자'로서 위대한 힘을 갖게 된다. 하지만 그의 '정복'은 완전한 것일 수 없었다. 용의 피가 용납하지 않은 틈이 있었고, 지그프리트는 그곳을 찔려 처참하게 죽고 만다. 이를 두고 자연을 이길 수 없는 인간의 본원적 미력함이라고 말하면 지나친 해석일까? 하나의 논쟁적 화두로 던져둔다.

한국에서 자연의 거칠고 큰 힘을 상징하는 존재로는 용보다 호랑이가 더 일반적이다. 신화와 전설에서 호랑이의 다른 이름은 바로 '산신령'이다. 호랑이는 무섭고 위험한 존재인 동시에 산의 크고 신성한 힘을 상징하는 존재로 사유되어왔다. 한국의 수많은 산신당이나 산신각에서는 백발이 성성한 할아버지(또는 할머니)가 커다란 호랑이를 끼고 있는 그림을 볼 수 있다. 이 그림 속의 노인과 호랑이는 한 존재의 두 모습이라 할 수 있다. 노인은 사람을 살리고 보호하는 자비로운 힘을 나타낸다면, 호랑이는 사람을 공격해서 죽일 수 있는 파괴적인 힘을 상징한다. 자연의 상반된 두 얼굴이다.

너그러운 할아버지 같은 자연을 만났을 때는, 아무 문제될 것이 없다. 자연이 내어주고 지켜주는 것을 감사히 받아들이고서 허리를 굽혀 절하면 된다. 다만 한 가지 주의할 바는 필요한 것 이상으로 욕심을 내지 말라는 것. 자연이 인간에게 전하는 베풂은 무한하지 않다는 사실을 언제라도 잊지 말아야 한다. 예컨대 산속의 나무들은 때가 되면 인간에게 좋은 잎새와 꽃, 열매 등을 전해주지만 뿌리째 뽑아버릴 경우 그러한 베풂은 지속될 수 없다. 오히려 호랑이 모습으로 돌아올 가능성이 크다. 말하자면 산사태 같은 것으로.

문제는 불시에 사나운 호랑이를 만났을 때다. 호랑이로서의 파괴적 자연과 맞닥뜨렸을 때 우리는 어떻게 해야 하는 것일까? 맨몸으로 맞서서 호랑이와 싸운다? 이는 전설과 소설에서나 가능한 일일 따름이다. 인간이 감히 호랑이를 이길 수는 없다. 그렇다면, 급히 꽁무니를 빼서 도망친다? 이 또한 답이라 하기 어렵다. 자연은 겉보기에 느려 보이지만 인간이 그를 앞설 수는 없다. 호랑이는 도망치는 사람을 훌쩍 뛰어넘어 그 앞을 가로막는다. 그렇다면, 방법은? 꽤나 어려운 이 질문에 대한 답은, 현지조사 과정에서 강원도 고성 소똥령 지역에서 만난 한 어르신의 말로 대신한다.

예로부터 말하길, 사람이 호랑이 앞에 서면 죽고 뒤를 따르면 산다고 했어요.

이 말을 듣고 무릎을 치지 않을 수 없었다. 자연에 앞서려고 하기보다, 자연을 내 방식으로 놀리려고 하기보다 조용히 뒤를 따르는 것이 답이다. 순리에 따라 존중하면서 움직이면, 호랑이(자연)는 사람을 죽이지 않고 살려줄 수 있다. 그냥 앉아서 죽기를 기다리라는 뜻이 아니다. 본원적 이치에 따른 해법을 찾아야 한다는 뜻이다. 산에서 만난 호랑이가 자기를 '형님'이라고 부른 나무꾼을 도와줬다는 이야기를 허튼 공상으로 치부할 바가 아니다. 자연은 자신을 신으로 여기는 사람에게, 할아버지나 어머니로 부르고 형님으로 부르며 손을 내미는 사람에게 살길을 마련해준다.

한국의 유명한 신화 〈바리공주〉에는 바리가 험지에서 만난 호랑이 앞으로 다가가서 절을 올리는 장면이 나온다. 그러자 험상궂은 호랑이는 인자한 산신령으로 변해서 바리에게 꽃을 전해준다. 어떤 험지도 헤쳐나갈 수 있는 힘을 지닌 신령한 꽃을. 자연과의 싸움은 이렇게 해야 하는 법이다.

내 마음속의 가뭄과 화산, 그리고 호랑이

우리의 치유적 화두인 '자기서사'로 돌아와 스스로의 내면을 성찰해본다. 앞서서 나는 태초의 창조신들이, 타아로아와 티아마트와 이미르가, 미륵과 반고가 곧 나 자신이라고 했었다. 내 안에 원초적인 자연적 생명이 숨 쉰다고 했다. 하지만 어찌 충만한 생명뿐일까. 그 안에는 거친 격동과 쓰라린 쓰러짐과 아득한 소멸이 있다.

먼저 꽃밭을 뭉개고 강을 말리는 하늘 황소. 제어할 수 없는 분노와 환멸감이 그것이다. 그가 날뛰면 마음속 꽃밭과 강물은 생기를 잃고 메말라버린다. 다음으로 태양을 삼키고 세상을 뒤덮는 검은 용. 날뛰는 공격성과 절망감은 나의 존재를 까맣게 뒤덮어 태워버린다. 그림자 속을 어슬렁거리던 호랑이가 훌쩍 튀어나와서 발톱을 세우고 으르렁대는 일은, 마음속 폭풍우나 눈보라로 존재가 흔들리거나 얼어붙는 일은 또 얼마나 많은지.

대자연이 그러한 것처럼, 이 또한 나의 엄연한 본질이다. 감출 수도, 피할 수도 없는. 하지만 그것은 제 맘대로 이리저리 날뛰도록 내버려두어야 하는 무엇이 아니다. 나의 생명적 가치를 오롯이 지키고 발현하기 위해서, 나는 그것과 맞서 싸워야 한다. 치열한 싸움을 통해 본원적인 평화와 복락을 이루어내야 한다.

그 초극超克의 과업이 본연의 자연적 순리를 따라서 조화롭게 성취될 수 있기를 기원해본다. 힘든 일이지만 가능할 것으로 믿는다. 세상의 모든 신화들이 꺼지지 않는 등불로서 나의 길을 비춰주고 있으니.

질병이라는 신,
어떻게 맞이하고 보내야 하나

질병이라는 재앙 또는 신

2019년 가을, 검은 그림자처럼 시작한 코로나 바이러스는 소리 없이 전 세계로 퍼져서 인류의 삶을 바꾸어놓았다. 국제 사회·경제 시스템으로부터 개개인의 일상과 내면 심리까지, 영향이 미치지 않은 곳이 없다. 삶이 코로나 이전과 이후로 나뉜다는 말이 지나치게 생각되지 않을 정도다.

돌아보면 지금의 코로나만이 아니다. 그에 앞서 사스와 신종플루와 메르스 등이 있었고, 더 올라가면 스페인독감과 페스트(흑사병) 대유행이 있었다. 질병이 다 그렇지만, 무섭게 퍼져나가는 전염병은 인간에게 특히 큰 재앙이 된다. 가장 근본적인 것 '생명'을 위협한다는 점에서 더욱 그러하다.

이 세상에 질병이 없다면 얼마나 좋을까만, 이는 허튼 바람일 따름이다. 사람은 태어나는 순간부터 죽음을 향해 움직인다. 탄생과 커나감이 있으면 파괴와 소멸이 있으니, 이는 지상 모든 존재의 숙명이다. 유한한 물적 존재로서 만유 생명의 가없는 유동성. 질병은 그 본원적 운동의 빠질 수 없는 요소다. 그것은 하나의 자연이다. 신적 섭리를 구성하는.

질병은 누구라도 만나기 싫어하는 대상이다. 고통 속에 심신을 허물어뜨리는 불청객을 신으로 사유하고 존중하기란 쉽지 않다. 그래서인지 세계의 수많은 신화들에서 질병신은 찾아보기가 쉽지 않다. 하지만 그 사례는 없지 않다. 그리스의 태양신 아폴론은 치유의 신인 동시에 질병의 신으로 사유되었으며, 바빌론 신화의 네르갈Nergal은 죽음과 전쟁의 신인 동시에 역병의 신이었다. 중국 신화에서도 여악呂岳이라는 역병의 신과 만날 수 있다. 인도 벵갈루루에서 모셔지는 안남마는 지역신인 동시에 천연두의 신이라고 한다.

한국은 질병신에 대한 사유가 특별히 발달한 나라다. 아마도 '손님마마'라는 이름을 들어본 적 있을 것이다. 무서운 전염병 천연두를 일컫는 민간의 호칭이다. 명신손님·호구별성·별상·대별상 등으로도 불린 손님마마는 열두거리 굿에서 제석신과 칠성신, 성주신 같은 큰 신들과 나란히 모셔졌으며, 오늘날까지도 그 의례가 남아 있다. 한 편의 길고 인상적인 신화와 함께. 그 신화에는 질병에 대한 본원적 성찰이 함축돼 있다.

질병에 대처하는 신화적 방식

질병신에 대한 한국적 사유를 살피기에 앞서, 세계 신화에서 질병을 대하는 방식을 먼저 본다. 서구의 신화들에서 질병은 수용과 존중보다는 공격과 격퇴의 대상이었다. 비근한 예로, 기독교에서는 사람이 몹쓸 병에 시달릴 때 이를 '마귀의 장난'으로 여겨서 그것을 물리치는 안수기도를 행하곤 한다. 이러한 행위는 오랜 역사를 지니고 있으니, 《성경》에서 예수와 여러 성인들이 성령의 힘으로 병자를 치유한 수많은 일화들과 만날 수 있다. 질병의 맞은편에 신이 있는 셈이다.

이러한 사유방식은 이집트 신화와 그리스 신화에서도 확인된다. 그 기본 화두는 '의술의 신'이다. 질병에 맞서서 이를 물리치는 존재가 중요한 신으로 모셔졌으니, 이집트의 토트Thoth와 그리스의 아스클레피오스Asclepius 등이 그들이다. 토트는 의술의 신인 동시에 지혜와 언어의 신이거니와, 그 직능들을 연결하는 공통분모는 '문명'이다. 인간이 스스로 발달시켜온 능력과 체계로 질병이라는 자연 재앙을 물리치는 형국이다. '만물의 영장'으로서 인간의 신령한 존재성이다.

그리스 신화의 아스클레피오스는 세계 신화 속의 대표적인 의술신이다. 아폴론과 코로니스Koronis 사이에서 태어난 아스클레피오스는 출생부터가 극적이었다. 그는 아폴론의 오해와 분노로 죽임을 당한 코로니스의 시체 속에서 꺼내진 아이였다. 일컬어, 죽음 속에서의 생환이다. 그런 이력 때문인지 아스클레피오스는 죽은 사람을 살릴 수 있는 신령한 의술을 발휘했다고 한다. 아스클레피오스 신전에서 하루를 보내기만 해도 모든 병이 낫는다고 믿었다 하니, 그에 대한 절대적인 신뢰와 의존을 확인할 수 있다.

뱀이 감긴 지팡이를 들고 있는 모습으로 유명한 아스클레피오스는 오늘날까지도 의술과 치료의 상징으로 통하고 있다. 그의 딸들인 이아소Iaso와 히기에이아Hygeia, 아케소Aceso, 아글레이아Aglaea, 파나케이아Pankeia 등이 모두 치료의 여신으로 여겨지거니와, 수많은 의술 신들이 뒤를 잇고 있는 셈이다. 히포크라테스Hippocrates를 비롯한 고금의 뛰어난 의사들이 또한 그 당사자들일 것이다. 일컬어, 신의神醫! 신의로 말하자면 동양의 화타華陀나 편작扁鵲, 유의태와 허준 등도 빼놓을 수 없겠다. 계보를 따진다면 아스클레피오스보다는 여와나 서왕모西王母의 후예에 더 가깝겠지만.

의술을 통한 질병 퇴치의 신화. 이는 적극적이고 주체적이며 인간 중심적이다. 그런데 거기 하나의 반전이 있으니 아스클레피오스의 죽음에 대한 내용이 그것이다. 그의 죽음에는 서로 다른 설이 있다. 먼저, 그가 사람을 치료하면서 황금을 받았기 때문에 제우스의 노여움을 받아서 죽었다는 것. 생명이 물질로 치환되는 역리에 대한 징벌의 서사다. 다음으로, 그가 죽은 사람들을 살려내서 저승이 비게 되자 저승신 하데스의 청으로 제우스가 그를 죽였다는 것. 이는 명백히 자연의 생명적 섭리를 반영한 서사에 해당한다. 사람은 병들고 죽는 것이 순리이며, 그래야 우주의 생명 체계가 순환적 조화를 이루게 된다는 말이다. 그렇다. 아무리 신령한 의술이라 하더라도 자연의 본원적 섭리를 넘어서서 존재할 수는 없는 법이다.

이 지점에서 한 가지 눈여겨볼 바는 아폴론의 양면성이다. 태양신 아폴론은 생명과 치유의 신인 동시에 질병의 신으로 사유되기도 한다. 호메로스Homeros의 《일리아스》에서 아폴론은 그리스인들에게 화살을 빗발치듯 퍼부어 역병의 재앙을 내린다. 신적 체계를 거스른 인간의 오만과 방자함에 대한 응보였다. 생명을 지켜주는 신이 생명을 파괴하는 신이기도 하다는 것, 가슴 깊이 새길 일이다. 어찌 그렇지 않을까. 하늘에 뜬 태양은 인간에게 축복이지만 때로는 저주이기도 하다. 만유의 본원적 양면성!

아폴론이 현시하는 양면성과 관련하여 인도 신화의 시

바를 환기하게 된다. 창조의 신 브라흐마에 대한 파괴의 신으로서 시바가 행하는 권능에는 필시 역병도 포함될 것이다. 시바의 아들 가나파티Ganapati가 질병과 재앙의 신으로 여겨졌음은 단적인 증좌가 된다. 이때 잊지 말아야 할 것은 시바의 파괴가 재앙인 동시에 새로운 창조 과정이기도 하다는 사실이다. 인간이 아닌 신의 차원에서 볼 때, 질병의 유행은 어긋난 세계 질서의 재구성 과정일 수 있다. '신의 화살'을 탓하기에 앞서 스스로의 부조리를 돌아봐야 한다는 것. 그것이 신화가 전하는 계시다.

천연두신 명신손님과 코로나 사이

이제 한국의 질병신 손님마마 이야기로 넘어간다. 한국에서 전해지는 천연두 신 관련 신화로는 제주의 〈마누라 본풀이〉와 동해안의 〈손님굿〉이 있는데, 여기서 볼 것은 〈손님굿〉이다. 〈손님굿〉에 의하면 마마신 명신손님은 중국 땅 세천산에서 쉰세 명이 태어났다고 한다. 그 가운데 세 명 또는 네 명이 압록강을 건너 조선으로 들어와 움직이는 가운데 생겨난 여러 우여곡절을 전하는 것이 곧 신화의 내용이다. 그 신들은 호반손님과 문관손님, 제석손님, 각시손님 등으로 말해진다.

　신화의 핵심 화두는 이들 무서운 불청객 전염병 신들을

어떻게 맞이할까의 문제다. 이에 대해 신화는 서로 다른 두 가지 방식을 서사화한다. 하나는 이를 경시해서 넘보거나 물리적으로 막아서는 방식이고, 또 하나는 이를 인정하고 존중하면서 스스로 물러가게 하는 방식이다. 그 대응 여하에 따라 삶은 완전히 달라지거니와, 그 일련의 형상에서 감염병 위기에 대한 서로 다른 대응을 보게 된다. 이에 대해 한 편의 논문(신동흔, 〈코로나 위기에 대한 신화적·인문학적 성찰〉, 2020)으로 자세히 고찰한 바 있거니와, 핵심을 간단히 요약해본다.

먼저 압록강 뱃사공. 조선 사람 중 제일 먼저 손님들을 맞이한 존재다. 그가 강을 건너고자 하는 손님신들에게 요구한 것은 각시손님의 수청이었다. 감히 여신과 하룻밤을 보내고자 한 것이었다. 그 결과는 처참했다. 분노한 각시손님은 단칼로 뱃사공의 목을 벤 뒤 그 집에 찾아가 자식 칠형제를 차례로 잡아 죽인다. 뱃사공 아내의 간청으로 막내는 살려주지만 온몸이 만신창이가 된 상태로였다. 전염병의 무서움을 단적으로 보여주는 모습이다. 감히 질병신을 넘보면서 한번 놀아보자고 한 뱃사공의 모습에서 이른바 '코로나 파티'를 즐기던 이들의 모습을 본다. 그 결과는 아는 대로다. 참혹한 화가 자신은 물론 주변에까지 미치니 최악의 재앙이 된다.

한양 장안의 큰 부자이자 유지였던 김장자의 경우도 이

와 비슷하다. 그는 손님신들을 무시하고 위력으로 누르려 한다. 자기 집 담장이 높으니 문을 닫아걸면 그만이라고 생각한다. 일컬어 봉쇄 정책. 하지만 감염병의 힘은 그 이상이다. 손님신은 보란 듯이 집 안으로 스며든다. 그러자 김장자가 한 일은 똥물을 뿌리고 매운 고춧불을 피우는 식의 무모한 공격이었다. 얕은 술수와 허튼 미봉책. 그 결과는 생때같은 자식의 처참한 죽음이었고, 집안의 멸망이었다. 김장자는 뱃사공과 달리 사회 지도층에 해당하는 인물이거니와, 그에게서 오만과 경시, 속임수로 코로나를 대했다가 사태를 악화시키고 시민들의 안전과 목숨을 해친 세계 여러 통치자들의 모습을 본다.

인간이 어찌 신을 넘어설 수 있을까. 자연신으로서의 감염병은 물리적 봉쇄나 섣부른 공격으로 물리칠 수 있는 바가 아니다. 자연의 크나큰 생명적 이치와 작동 방식은 인간의 합리적 인지 이상의 것이다. 그렇다면 그 신적인 작용 앞에서 인간은 어찌해야 하는가? 그냥 손 놓고서 모든 것을 맡기는 것? 그럴 리 없다. 스스로의 생명과 안전을 지키는 일은 자연 만물의 절대적 준칙이다. 우리는 최선을 다해 감염병에 대처해서 그것을 이겨내야 한다. 문제는 그 방법이다. 신화는 그 대처가 겸손과 경계, 인정과 존중으로 이루어져야 함을 강조한다.

손님굿에서 김장자의 대척점에 있는 존재는 노구할미

다. 가난하고 고단한 할미는 이름 없는 서민에 해당하는 인물이다. 그는 손님신들이 찾아오자 집을 깨끗이 치운 뒤 최선을 다해서 그들을 챙긴다. 감염병이 찾아든 상황에서 최대한의 겸손과 정성으로 이를 감당하고 풀어나가는 모습이다. 그러자 전화위복의 역전이 일어난다. 그 정성 앞에 불청객은 스스로 물러나면서 노구할미 집에 큰 복을 남긴다. 어찌 그렇지 않을까. 큰 위기를 잘 이겨내면 그것은 삶의 힘이 된다. 코로나 위기도 최선을 다해 이를 극복하면 전화위복의 힘으로 돌아올 것이다. 이때 무엇보다 중요한 것은 심리적으로 무너지지 않는 일이다. 노구할미가 그랬듯이, 스스로 마음을 다잡으며 힘을 내고 길을 찾아야 한다. 현재를 살아가는 힘과 미래로 이어지는 길을. '현실 부정'은 답이 아니다.

손님굿 신화에서 겸손과 정성으로 질병신들을 맞이한 것은 노구할미만이 아니었다. 최정승과 이정승, 영운선생 등의 지도층 인물들이 나서서 그 일을 행한다. 이들은 앞장서서 부정不淨을 없애고 만반의 준비를 갖추어 손님신을 맞이하며, 죽어가는 아이를 정성껏 돌보아 구원한다. 그리고 굿을 베풀어 뭇 사람들과 함께 신을 위무하고 배송한다. 그 노력과 정성의 힘으로 손님신들은 이 땅을 떠나가게 된다. 굿은 곧 정성이고 신명이니, 질병신의 퇴거는 위아래가 하나 되어서 풀어낸 본원적 신명의 힘이었다고 할 수 있다. 코로나 위기에서 우리에게 백신이나 치료제보다 더 필요한 것이 이와 같은 하나됨의 정성과 의지, 그리고 희망적 믿음 아닐까?

거슬러 올라가 보면 역신疫神의 침노로 병들어 누워 있는 아내 앞에서 처용處容이 행한 일 또한 무너지는 마음을 스스로 다잡으면서 굿을 베푼 일이었다. 위기와 고난 앞에서 오히려 차분해지고 강해지는 본원적 신명의 몸짓. 그러자 그 힘에 감응한 전염병 역신은 스스로 물러가고 세상에는 평화가 찾아온다. 그 후로 사람들은 대문에 처용의 화상(초상화)을 붙이게 됐다고 하거니와, 이는 사람들이 처용의 마음과 몸짓을 자기 것으로 내면화한 상황의 표상이다. 그 사람들의 마음자리를 생각하면서, 내 마음의 대문에 처용의 화상을 붙여본다. 노구할미와 최정승과 이정승, 영운선생의 화상과 함께.

마음속 코로나와의 신화적 공존

손님굿 속에는 하나의 인상적인 장면이 있다. 아버지 김장자 잘못으로 참혹하게 죽은 철현이(철웅이)가 막내손님이 되어 명신손님들을 따라가는 장면이다. 인간이 질병신으로 바뀌는 장면인데, 인간과 질병의 생명적 연결성을 단적으로 보여주는 내용이 된다.

어찌 철현이뿐일까. 세상의 인간 누구라도 '질병의 몸'이 될 수 있다. 멀리 볼 것 없이 그것은 나 자신의 문제다. 내 몸에 여러 질병이 있고, 마음에는 더 많은 질병이 넘나든다. 우울과 무기력, 분노와 공격성 등등. 때로 그것은 전염병처럼 퍼져나가서 나의 심신을 온통 장악하기도 한다. 지금 내 몸에는 코로나가 없지만, 마음에는 코로나가 퍼져 있다. '코로나 블루'로 불리는 수많은 부정적인 감정과 상념들이….

질병에 대한 신화들을 떠올리면서, 나의 심신을 오롯이 추스르고 세우는 일이 감염병 위기에 맞서는 최고의 과업임을 실감한다. 가장 큰 적은 오만과 소홀함, 허튼 분노와 무모한 공격 따위일 것이다. 손님굿 신화에서 뱃사공과 김장자가 빠져들었던 그 함정 말이다. 공연히 화내고 손가락질하면서 공격하는 대신 주어진 상황을 겸허히 받아들이면서 스스로의 평정을 유지해가는 것이 답이다. 마음 깊은 곳의 신명을 이끌어내서 사람들과의 서사적 연대를 더욱 강화해가는 것이 지금 내가 해야 할 일이다. 오래 흘러온 신화가 전해주는 본원적 해법이다.

결국 관건은 나 자신과의 싸움이다. 어떤 싸움인가 하면 귀한 존재성을 확인하는 신령한 몸짓으로서의 싸움. 그 싸움을 훌륭히 감당하고 나면, 뒷날 홀연히 깨닫게 될 것이다. 지금의 이 시간들이 얼마나 소중한 것이었던지를.

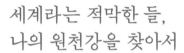

세계라는 적막한 들,
나의 원천강을 찾아서

황막한 세계 속, 먼지알 같은 나

아득한 옛날 자연 만물의 탄생으로부터 현 세계를 휩쓸고 있는 자연 재앙 코로나까지 대자연에 대한 이야기를 이어가는 중이다. 계량할 수 없을 만큼 크고 위력적인 대자연 속에서 '나'라는 존재는 과연 어떤 의미를 지니는 것인지…. 천문학자들이 우울증에 잘 걸린다는 얘기도 있거니와, 멀리 높은 곳에서 보면 한 명의 인간은 개미 한 마리만큼의 존재성도 갖지 못할 것이다.

끝없는 바닷속의 물방울 하나… 바람 속을 부유하는 먼지 한 톨…. 어느 팝송의 가사이거니와, 광대한 세상 속 인간의 존재성이 그와 같음을 느낀다. 따뜻한 어머니처럼 인간을 감싸는 것이 자연이고 신이라지만, 그 무심한 황막함에 속절없이 휘둘리는 시간이 더 많다. 그렇게 먼지처럼 떠돌다 어느 순간 홀쩍 사라지는 것이니 크게 보면 하루살이와 다를 바 없다. 참을 수 없는 존재의 미미함!

인간의 미약함은 신화에서 하나의 중요한 화두가 된다. 세상에서 제일 존재감이 큰 인물이었을 대영웅 길가메시가 아득히 먼 길을 떠난 것은 포말처럼 스러질 존재의 미력함에 대한 고뇌 때문이었다. 끝없이 산 위로 바윗덩이를 끌어올리다가 굴러떨어지는 시시포스Sisiphus는 또 어떤지. 그것이 거대한 신 앞에 선 인간의 원형적 운명일지 모른다. 고향을 찾아 돌아오는 오디세우스Odysseus의 여행길은 또 왜 그리 험난했는지….

지상에서 인간의 아들로 태어난 예수 또한 존재의 미력함에 따른 방황을 피할 수 없었다. 황량한 광야를 정처 없이 떠돌면서 그는 이렇게 외치지 않았을까? "하늘이시여! 나란 존재는 도대체 무엇입니까? 나는 왜 여기에 있는 거지요? 내 앞에 도대체 길은 있나요?" 허름한 마구간 구석에서 태어나서 말 밥그릇(구유)에 눕혀진 그였음을 생각하면 그 존재적 방황이 더 큰 절실함으로 마음을 뒤흔든다.

황막한 세상 속의 미력하고 아픈 나. 이러한 존재적 화두를 수많은 뭉클한 신화로 풀어낸 민족이 있다. 바로 한겨레다. 더 정확히 말하면 한겨레 민중. 한국의 민간 신화에는 세상의 크나큰 파고波高를 홀로 감당하는 수많은 주인공들이 있다. 태어나자마자 부모에게 무참하게 버림받은 바리데기, 아비 없이 태어난 어린 종 신산만산할락궁이, 쉼 없는 간난신고에 아득히 휘둘리는 지장아기, 자비 없는 세상에서 길을 잃고 무인도에 던져지는 궁산이 등등.

그리고 한 소녀가 있다. 자기가 누구인지 아득히 모르는 채 '적막한 들'을 홀로 바장이던 외로운 소녀. 그 아이가 뒷날 얻게 된 이름은 '오늘이'다. 신화의 제목은 〈원천강본풀이〉. 자연 또는 우주라는 거대한 황무지 속에서 '나'라는 존재란 과연 무엇인지를 반추하게 하는 원형적 신화다.

오늘이가 만난 존재들,
너나없이 흔들리고 있는

소녀가 발견된 곳은 사람이라고는 아무도 없는 들판이었다. 일컬어 적막한 들. 그 곁에 있는 것은 학 한 마리뿐이었다. 그를 발견한 사람들이 이것저것 물었지만 소녀는 아는 것이 전혀 없었다. 부모도, 생일도, 나이도, 이름도. 아니, 알지 못하는 것이 아니라 아예 없었다. 그냥 그렇게 움직여왔을 뿐이었다. 적막한 들 속을. 아무것도 아닌 존재로서. 한 알의 먼지처럼.

"너는 태어난 날을 모르니 오늘을 생일로 하고 이름을 오늘이로 하자꾸나." 이렇게 '오늘이'가 된 소녀는 어느 날

먼 여행을 떠난다. 제 존재의 뿌리를 찾아서. 나의 부모는, 또는 하늘(신)은 왜 나를 이 크고 적막한 세상에 훌쩍 던져놓고서 아무 말도 없는지를 묻기 위해서. 신화는 오늘이가 찾아나선 그곳을 '원천강'이라고 말한다. 존재의 원천을 알 수 있는 곳. 하지만 산 사람은 갈 수 없는 곳이었다. 그래도 오늘이는 간다. 온몸을 다해서. 왜냐하면 그 상태로 부유하는 것은 의미가 없으므로. 살아도 사는 것이 아니므로.

원천강을 찾아서 홀로 길을 떠난 오늘이는 여러 존재들을 만난다. 별층당에서 글만 읽는 도령을 만나고, 연못가에서 한 송이 꽃을 매단 채 울고 있는 연꽃나무를 만나며, 여의주(야광주)를 세 개 물고도 용이 되지 못하는 큰 뱀(이무기)을 만난다. 청수바다를 건넌 뒤 다시 별층당에서 글만 읽는 처녀를 만나며, 우물가에서 깨진 바가지를 들고 우는 선녀들을 만난다. 그들은 너나없이 흔들리고 있었다. 미력한 제 존재를 한탄하면서. 그들의 다양한 형상은 현실 속 인간 존재의 모습을 원형적으로 표상한다. 그들에게서 우리는 내면 깊은 곳에서 나의 삶을 움직이고 있는 이야기, 자기서사를 만날 수 있다.

먼저, 별층당에서 글만 읽어야 했던 도령과 처녀. 그 이름은 장상이와 매일이다. 사정 모르는 사람이 보면 꽤나 좋은 팔자 같지만 정작 그들 자신은 그 삶 속에 아득히 간혀 있다. 무언가 의미를 찾아보려고 애쓰는 중이겠으나 답은 보이지 않는다. 그냥 그렇게 그 일을 하고 있을 뿐이다. 거기서 벗어나자니 그럴 수도 없다. 왜냐하면 늘 해온 일이 그것이므로. 말하자면 그것은 하나의 감옥이었다. 무의미하게 반복되는 일상의 감옥. 그래서 그들은 원천강을 찾아가는 어린 나그네에게 매달린다. "원천강에 가거든 내가 언제까지 이렇게 살아야 하는지 알아봐주세요!"

다음은 연화못의 연꽃나무. 가지마다 꽃봉오리는 잔뜩 맺혔는데 피어난 것은 한 송이뿐이다. 나무는 그 꽃송이를 부여잡고서 눈물을 흩뿌린다. 다른 나무들은 저렇게 꽃이 많은데, 다른 이들은 저렇게 가진 게 많은데 나는 왜 이것뿐이냐고. 이것마저 사라지면 나는 어떡하냐고. 그 울음은 슬플 수밖에 없다. 왜냐하면 그 한 송이 꽃은 지게 돼 있으므로. 그 역시 어린 나그네에게 매달린다. "원천강에 가거든 어떻게 해야 남들처럼 많은 꽃을 피울 수 있는지 알아봐주세요."

그리고 청수바닷가의 이무기. 아무도 없는 모래사장을 홀로 뒹굴고 있는 모습이 애잔하다. "나는 왜 여의주를 세 개나 물었는데 용이 안 되는 거지? 다른 이들은 하나만 물고도 용이 되는데 말이야! 원천강에 가면 꼭 알아봐줘." 보나마나 그 몸에는 상처가 한가득일 것이다. 하늘로 날아보려고 발버둥질 치다가 떨어지기를 수없이 반복했을 것이므로. 어떻게든 높이 올라가보려고, 보란 듯 성공을 이뤄내보려고 이것저것 좋다는 것을 열심히 붙잡아보지만 돌아오는 건 제 몸도 못 가누는 무력한 무거움뿐이다. 이런 사람은 세상에 얼마나 많은 것인지!

다음은 우물가의 선녀들. 하늘나라 높은 곳에서 화려하게 살다가 갑자기 땅으로 떨어진 이들이다. 다시 하늘로 오르려면 우물의 물을 다 퍼내야 하는데 그들은 그 일을 해낼 수 없다. 왜냐하면 두레박 바가지가 깨졌으므로. 그들이 하는 일이란 하늘을 바라보면서, 좋았던 시절들을 되새김질하면서 한탄하는 것뿐이다. "아아, 내가 여기서 이럴 사람이 아닌데! 그토록 잘나가던 내가 이런 신세가 되다니. 흑흑." 그렇게 우물은, 또는 우울은 깊어져만 간다. 세상에서 이런 사람을 찾는 것 또한 어려운 일이 아니다. 그건 바로 나 자신일 수 있다.

적막한 들에서 외롭게 떠돌던 소녀 오늘이는 이들과 만나면서 깨닫게 된다. 존재적 고독과 무의미는 자기만의 일이 아니라는 사실을. 산다는 것이란 미력한 자기를 부여안고 한없이 흔들리는 일이라는 사실을. 온 세상 뭇 생명들이 그렇게 신음하며 흔들리고 있는 중이다. 지금 여기, 우리들도! 그 존재적 고민을 풀어낼 답은 원천강에 진짜로 있었을까?

원천강이 전해주는 모든 문제의 답

오늘이는 우여곡절 끝에 원천강에 다다른다. 원천강 둘레로는 만리장성 높은 담이 둘러쳐져 있고 육중한 성문은 굳게 닫혀 있었다. 문지기가 지엄하게 막아서지만, 오늘이는 결국 안으로 들어가는 데 성공한다. 가없는 울음의 힘이었다. 가슴에 억눌러왔던 모든 설움을 한바탕 통곡으로 풀어내자 그 간절함이 꽁꽁 닫힌 원천강 문을 열어낸다.

원천강에서 오늘이를 맞이한 것은 바로 그의 부모였다. 딸이 태어나자마자 하늘의 명으로 원천강 선인仙人이 된 그들이었다. 다시 말하면 '천명天命'이니, 그들은 죽어서 그리로 간 것이었다. 자식을 낳자마자, 거역할 수 없는 운명으로. 삶과 죽음의 경계를 넘어서 만난 부모와 자식의 이루 다 풀어낼 수 없었을 말들…. 신화는 이를 잠깐의 일처럼 서술하지만 그 장면이 전하는 무게감은 가히 측량키 어렵다.

이어지는 장면은 원천강 구경이다. 부모는 오늘이에게 원천강 높은 담장에 있는 문들을 열어 보인다. 그 안에는 놀랍게도 봄·여름·가을·겨울 사계절이 들어 있었다. 시간의 원천이 되는 곳. 모든 시간이 모여 있는 곳. 그곳이 원천강이었다. 이 세상에, 시간이 모르는 비밀이 있을까. 세상 모든 문제에 답은 실제로 거기 있었으니, 원천강 선인들은 오늘이가 길에서 만난 여러 존재들이 안고 있는 고민에 대한 답을 하나하나 들려준다. 덧없는 흔들림에서 벗어나는 길을.

이무기의 문제에 대한 답은 무엇이었을까? 여의주 두 개를 뱉고서 하나만 무는 것이 해법이었다. 지나친 욕심을 내려놓고 한 가지를 제대로 추구하기. 좀 교과서적인 답처럼 보이기도 한다. 이에 대해 사람들에게 이렇게 질문해봤다. "말하자면 그는 돈·권력·명예, 세 가지를 다 가지려 했던 거예요. 그러니 탈이 났지요. 이무기는 그중 어떤 것 하나를 가지고 올라갔을까요? 만약 여러분들이라면?" 사람들의 답은 '돈'이 많았거니와, 내가 이 질문에 준비해둔 답은 따로 있었다. 그 하나의 여의주는 바로 '자기 자신'이라는 것. 스스로 빛나고 가벼워질 때, 뜻대로如意 움직일 수 있을 때 비로소 승천은 가능한 법이다. 지금 입안 가득 돌덩이들을 물고 있는 나. 하나씩 내려놓아야 한다.

다음, 연꽃나무에게 원천강이 전해준 답은 금지옥엽 한 송이 꽃을 뚝 꺾어서 내려놓는 일이었다. 화락능성실花落能成實! 꽃이 떨어져야 열매가 맺고 새로운 꽃들이 피어나는 법이다. 인간사 또한 마찬가지다. 어느 한 가지 대상이나 가치에 집착해서 그것이 전부인 양 부여잡고 발버둥질 칠 때 다른 모든 가능성은 길을 잃는다. 지금 내가 잔뜩 매달려 있는 그 무엇이, 예컨대 성적·애인·자식·진급·평판·아파트 같은 것이 떨어짐을 허락받지 못하고 매달려 있는 무거운 꽃송이가 아닌지 돌아볼 일이다. 그것을 미련 없이 훌쩍 내려놓는 순간, 수많은 새로운 꽃들이 차락차락 피어날지 모른다.

바다를 사이에 두고서 별층당에서 글만 읽던 처녀·총각 매일이와 장상이에게 원천강이 전한 답은 무엇이었을까? 둘이 짝을 이루어 살라는 것이었다. 그러면 만년영화를 누릴 수 있다는 것이었다. 이때 두 남녀의 결합이 의미하는 일은 무엇일까? 힘든 사람들끼리 돕고 의지하라는 것? 같은 운명을 가진 사람들이 만나면 길이 열린다는 것? 이리저리 의미를 헤아리던 중에 두 사람의 남다른 이름이 눈에 들어왔다. 매일每日과 장상長常. 그들은 늘 글을 읽는 사람이었지만 방식은 반대였던 것 아닐까? 매일 새로운 책을 이리저리 보는 사람과 같은 책을 하염없이 읽고 또 읽는 사람. 달리 표현하면, 눈앞의 일에 얽매여 살아가는 사람과 아득히 미래만을 보면서 살아가는 사람의 차이다. 나의 생각에 '매일'과 '장상'의 다른 이름은 '순간'과 '영원'이다. 그 둘은 서로 만나야 한다. 순간은 영원으로 이어져야 하고 영원은 순간 속에서 실현되어야 한다. 그래야만 길은 열릴 수 있다.

쓰다가 보니 지나쳐온 인물이 있다. 깨진 바가지를 들고 우물가에서 울던 선녀들. 그 문제는 원천강에 이르기 전에 오늘이가 스스로 해결해낸다. 댕댕이풀을 으깨서 바가지의 깨지고 구멍 난 곳을 메꾸어서 말리자 물을 풀 수 있게 된다. 원래의 바가지만큼은 안 될지 몰라도, 깨진 바가지와 비교하면 하늘과 땅 차이이다. 그것으로 착착 물을 퍼내자 우물은 깨끗이 비워진다. 선녀들의 우울과 눈물도. 바가지가 깨졌으면 때우라는 것. 참 당연하고 뻔한 일로 생각되지만, 우울에 빠져 있는 당사자들은 그 일을 하지 못한다. "아아, 망했어. 다 틀렸다고!" 가장 틀린 일이 무엇인가 하면 그렇게 손을 놓고 한탄만 하는 일이다. 틀린 곳에서 다시 한 걸음씩 움직여 나아가기! 적막한 들로부터 원천강을 향해 한 걸음씩 걸어오면서 오늘이가 스스로 찾아낸 답이다. 오늘이는 그렇게 자신의 원천강을 열고 있었던 것이다.

내가 존재하는 곳,
적막한 들과 충만한 들 사이

오늘이가 길에서 만났던 여러 존재들은 이렇게 답을 찾는다. 그렇다면 오늘이 또한 원천강에서 자기 문제의 답을 찾았을까? 적막한 들을 왜 그리 하염없이 헤매야 했는지에 대한 답을. 황막한 세상 속 먼지처럼 작고 미력한 제 존재의 의미는 무엇인지에 대한 답을.

이에 대한 일반적인 해석적 답변은 오늘이가 원천강을 향해 길을 가면서 여러 존재들을 만나는 과정에서 문제를 해결해갔다고 하는 것이다. 장상이와 매일이, 연꽃나무, 이무기, 선녀…. 그들 모두의 문제가 곧 오늘이 자신의 문제였다는 말이다. 그들과 마음을 나누어 연결을 이루어감으로써 오늘이는 존재의 고립과 무의미함으로부터 벗어날 수 있었다는 뜻이다. 오늘이가 이무기에게 받은 여의주와 연꽃나무에게 받은 꽃송이를 들고 선녀가 됐다고 하는 신화적 진술은 이를 잘 보여준다.

하지만 잘 살펴보면 이것만이 아니다. 앞서 생과 사의 경계를 넘어서 부모와 자식이 만나는 장면이 전하는 측량 못 할 무게감을 말했거니와, 그 장면에서 부모가 전해준 말 가운데 의미심장한 것이 있다. 오늘이의 부모는 딸에게 이렇게 말했던 것이다.

우리가 할 수 없이 여기 있게 되었으나, 항상 네가 하는 일을 보고 있었으며 너를 보호하고 있었노라.

오늘이는 부모 없이 늘 혼자였다. 부모는 자기를 떠난 존재였고, 아득히 없는 존재였다. 하지만 그것은, 진실이 아니었다. 부모는 멀리 떠나갔지만, 곁에 없는 것이 아니었다. 항상 곁에서 그가 하는 일을 보며 그를 보호하고 있었다.

'내 곁의 부모'는 〈원천강 본풀이〉 텍스트에서 한 마리의 학으로 상징화된다. 오늘이와 함께 살았다는 학은 범상한 존재가 아니었다. 오늘이를 깃으로 감싸주고 입에 야광주를 물려주며 보살펴주었다는 그 학은 부모가 오늘이에게 남긴 사랑 또는 능력의 신화적 상징이다. 그리하여 그것은 '내 곁의 부모'보다 '내 안의 부모'가 더 어울릴 수 있다. 내가 보고 만지고 느끼고 생각하는 모든 것, 부모로부터 온 것이다. 부모는 늘 내 안에 있다. 나의 유전인자 속에. 몸과 마음 모든 곳에. 처음부터 내내. 그리고 영원히.

오늘이가 살았다는 적막한 들은 진짜로 적막한 곳이었을까? 아니, 오늘이가 그렇게 여겼을 뿐이다. 내 곁에는 아무도 없다고. 나는 아무것도 아니라고. 하지만 오늘이는 아무것도 아닌 존재가 아니었다. 그를 움직여 살리는 신령한 새가 그 곁에 있었다. 아니, 그 안에! 돌아보면 어찌 그것뿐일까. 무수한 신령한 동반자들이 가득 이어져 있다. 구름과 바람과 물과 불과 꽃과 나무… 다람쥐와 종달새와 지렁이와 가재와 거미와 나비… 늘 거기 있는 하늘과 땅과 해와 달…. 그 신의 몸 안에 오늘이가 있고 또 내가 있다. 내가 지금 적막한 들이라고 느끼는 이곳, 사실은 충만한 들이다. 에덴동산이고 천상 선간이다. 나의 닫힌 마음이, 또는 다친 마음이 그것을 황량한 광야로 만들고 있을 따름이다.

오늘이가 찾아간 원천강, 그곳은 머나먼 별세계가 아니

다. 우리 사는 이곳이 곧 원천강이다. 원천강에 사계절이 모여 있다고 하거니와 지금 내가 바라보는 창밖에도 사계절은 모여 있다. 잎을 떨군 저 나무 안에 봄과 여름, 가을이 담겨 있다. 바야흐로 원천강의 겨울 문이 열리고 있지만 머지않아 다시 화사한 봄날로 이어질 것이다. 어김없는 필연으로. 나의 몸과 마음 또한 마찬가지다. 지금 찬바람에 떨고 있는 나의 마음, 겨울을 지나 다시 봄이 찾아올 것이다. 아니, 봄은 이미 내 안에 있다. 어느새 이렇게 마음에 온기가 조금씩 살아나면서 새 꽃봉오리들이 돋아나려 하지 않는가.

나 여기 이렇게 존재함이 얼마나 큰 축복인지를 아득히 잊지 않기! 영원에서 영원으로 이어질 갸륵한 이 생명을 오롯이 펼쳐내기! 이 세상이라는 신령한 원천강 속 하나의 아름다운 숨결이 되기!

3장

영웅 신화
한계와 투쟁

한라산을 오르며 만난
내 안의 시시포스

신과 인간, 그리고 영웅

신화론에서 빼놓을 수 없는 대상이 있으니 바로 영웅英雄이다. 신화를 말할 때 신보다 영웅을 더 크게 느끼는 이들도 많을 것이다. 제우스나 아폴론보다 헤라클레스Heracles나 테세우스Theseus, 아킬레우스를 먼저 떠올리는 식이다. 한국 신화에서도 천신에 해당하는 해모수보다 영웅적 성격을 지니는 주몽이 더 큰 주인공 구실을 한다.

세계 신화에서 영웅의 위치는 크고도 특별하다. 영웅은 신화에 역동성을 부여하면서 사람들의 마음을 흔들곤 한다. 만약 신화에 영웅들이 없다면 바람 없는 땅이나 파도 없는 바다처럼 될 것이다. 강렬한 신념과 의지, 불굴의 용기와 도전으로 채색된 영웅의 서사는 신화에 힘찬 생명력을 불어넣는다.

　신화에서 신과 영웅의 경계는 사실 그리 뚜렷하지 않다. '영웅신'이라는 말에서 보듯이 신인 동시에 영웅으로 다가 오는 존재들이 많다. 영웅적 면모가 짙은 신들이 있고, 신 의 반열에 오르게 된 영웅들이 있다. 북유럽 신화 같은 경 우 대다수 주인공이 영웅신 속성을 지니기도 한다. 이렇게 보면 굳이 신과 영웅을 구별해서 다룰 필요가 있나 싶기 도 하다.

　하지만 신과 영웅은 정체성과 속성 면에서 차이가 있다. 예컨대 우리는 가이아와 제우스를, 또는 라와 티아마트, 비 슈누, 옥황상제 등을 영웅이라 부르지 않는다. 헤라클레스 와 아킬레우스, 길가메시와 람세스, 라마찬드라와 후예[后羿] 등을 영웅으로 부르는 것과 대비되는 모습이다. 그렇다면 양자의 질적 차이는 어디에서 찾을 수 있을까?

　신은 개념 범위가 넓고 가변성이 크지만, 그 본래적 속 성을 자연성과 영원성에서 찾을 수 있다. 신은 시공간의 한계를 넘어서 스스로 존재한다. 신에게는 구애받음이 없 다. 그 원형적 표상을 우리는 대자연에서 볼 수 있다. 하늘 과 땅, 산과 바다, 불과 물과 바람…. 늘 그렇게 머물러 움 직이는 억겁의 존재들의 다른 이름이 곧 신이니, 일컬어 천신과 지신, 산신, 용신 등이다. 우라노스와 제우스, 환인 과 천지왕 등은 명백히 하늘의 표상이며 아폴론이나 해모

수는 태양의 현현이다. 대지의 신 가이아나 밤의 여신 닉스 등도 명확한 자연신이다. 아이테르Aither와 스틱스Styx, 타나토스 등 닉스가 낳았다는 수많은 신들도 마찬가지다. 태초의 혼돈을 헤쳐낸 창조신들은 자연의 시원적 창조력을 표상하는 존재로 보면 틀림없다.

이에 비하면 영웅은 명백히 인간의 속성을 지닌다. 자연이라는 크나큰 신적 세계 앞에 선 인간. 인간에게 그 세계는 만만치 않다. 작열하는 태양과 갈라지는 땅, 몰아치는 폭풍우와 홍수, 불시에 찾아오는 질병과 죽음…. 피할 수 없이 거기 휘둘리며 신음하는 것이, 또는 그 절대적 힘에 순종하면서 적응하는 것이 인간의 존재적 숙명이다. 그러나 모두가 그렇게 속절없이 휘둘리거나 순종하다 떠나는 것은 아니다. 거친 세계에 결연히 맞서서 틀을 바꾸고자 한 예외적 인간들이 있다. 우리가 영웅이라고 부르는 존재들이다.

형벌과 도전 사이, 시시포스의 서사

예외적 인간, 특별한 인간으로서 영웅을 영웅답게 하는 기본 자질은 무엇일까? 절륜한 힘과 용맹, 고도의 지혜 등을 들 수 있겠지만, 나는 그 핵심이 불굴의 투지와 도전성에 있다고 본다. 불가능해 보이는 과업에 결연히 나서서 온몸으로 부딪쳐 싸우는 존재가 영웅이다. 그 싸움의 대상에는 당연히 신이 포함된다. 아니, 신적 질서야말로 영웅이 부딪쳐 싸우는 핵심 대상이라 할 수 있다. 당연히 그렇게 작용하는 것으로 여겨지는 자연적 섭리에 대해 영웅은 이를 받아들이지 않고 바꾸려 한다.

사례 하나. 인간의 죽음. 죽음은 거역할 수 없는 자연의 섭리로 여겨지는 대상인데 거기 도전한 영웅들이 있다. 최초의 영웅 길가메시는 죽음의 운명을 바꾸기 위한 여정에 훌쩍 몸을 던진다. 사례 둘. 하늘에 여러 개 떠 있는 태양. 후예와 에르히 메르겐Erkhii Mergen은, 그리고 대별왕·소별왕은 활시위를 당겨서 해를 쏘아 떨어뜨린다. 그렇게 신화 속 영웅은 세계의 틀을 바꾼다.

불가능한 것으로 보이는 과업에 도전해서 그것을 이루어낸 영웅은 그 자체 신의 반열에 오르곤 한다. 길가메시와 후예, 대별왕·소별왕 등은 영웅인 동시에 신이다. 태초의 거친 자연을 상징하는 거인들을 제어해서 세계를 재편한 오딘과 토르 등도 마찬가지다. 인신人神의 범위가 유난히 넓은 한국 신화에서는 최영 장군과 남이 장군, 임경업 장군 같은 역사적 영웅들을 신으로 모시기도 한다.

모든 영웅들이 과업을 성공적으로 이루어내는 것은 아니다. 최영이나 남이, 임경업만 하더라도 실제 역사에서 뜻을 이루지 못하고 좌절한 인물들이다. 이들이 신으로 모셔지는 데는 역설적 진실이 담겨 있다. 인간의 태생적 미력함에 대한 인식이며, 그 한계를 불가능한 싸움으로 펼쳐낸 투쟁의 서사에 대한 공명共鳴이다. 살펴보면 신화 속 영웅은 대부분 불완전한 존재들이며, 그럼으로 해서 더 강한 파토스를 발현한다. 결정적 약점을 지녔던 영웅 아킬레우스나 지그프리트 등이 강렬한 여운으로 사람들의 마음을 흔드는 것은 우연이 아니다. 불완전함 때문에 더 먹먹하고 애틋한 인간적 대변자가 되어 그 삶의 여정이 '나의 서사'로 각인되는 것이다.

불완전한 과업에 대한 끝없는 도전을 표상하는 신화적 인물로 그리스 신화의 시시포스를 들 수 있다. 아득한 어둠의 세상인 저승에서 가파른 언덕 위로 바위를 굴려 올리고 또 올리는 사람. 시시포스는 영원한 죄수의 화신으로 일컬어지거니와, 나는 그에게서 인간적 영웅의 원형을 본다. 이야기는 높은 언덕 위로 돌을 올리는 그의 행위를 신이 내린 형벌이라고 말하지만, 그치지 않고 돌을 굴려 올리는 주체는 시시포스다. 그것은 하나의 도전 아닐까? 신적 체계에 맞선 불굴의 도전!

시시포스는 코린토스시를 건설한 왕이었다. 그는 지혜로운 사람으로 명성을 떨쳤는데, 욕심이 많고 남을 속이기 좋아해서 여행자들을 해쳤다고 한다. 주목할 것은 그가 신적 질서를 따르지 않고 거기 맞섰다는 사실이다. 그는 죽음의 신 타나토스가 찾아오자 오히려 그를 잡아서 족쇄를 채웠다고 한다. 그래서 한동안 사람들이 아무도 죽지 않았다 하니 신적 체계에 대한 정면 도전이었다. 전쟁신 아레스Ares에 의해 저승으로 붙잡혀간 시시포스는 다시 꾀를 내서 되살아난다. 아내에게 제사를 지내지 말라고 해놓고는, 저승신 하데스에게 아내를 설득하겠다는 명목으로 이승행을 허락받은 뒤 다시 돌아가지 않은 것이다. 신들에게 정면으로 맞선 행보다. 신의 입장에서는 최고의 말썽꾼이었겠으나, 인간의 입장에서는 얘기가 달라진다.

결국 헤르메스Hermes에 의해 저승으로 되돌려진 시시포스에게 주어진 것은 영원한 형벌이었다. 그는 큰 돌을 가파른 언덕 위로 굴려야 했는데, 정상에 올리면 돌이 다시 밑으로 굴러 내려가 처음부터 다시 밀어 올리는 일을 시작해야 했다. 그렇게 그는 지금도 끝없이 산꼭대기로 돌을 굴려 올리고 있다. 독수리에게 심장을 쪼아 먹히는 프로메테우스의 모습과 더불어서, 신적 질서를 거역하는 일의 엄중함을 단적으로 표상하는 형상이다. 인간으로서 감히 신에 맞선다는 것은 얼마나 아득한 일인지….

시시포스의 서사는 얼핏 영웅성과 거리가 멀어 보인다. 일반적으로 그를 영웅이라 일컫지도 않는다. 하지만 나는 그에게서 영웅의 원형적 면모를 본다. 알베르 카뮈는《시지프 신화》에서 시시포스가 바위가 떨어질 것을 알면서도 거듭 그것을 굴려 올리는 모습을 부조리에 맞선 '인간 승리'로 평가했거니와, 그 해석에 전적으로 공감한다. 안 되는 일인 줄 알면서도 포기하지 않고 행하는 것. 그렇게 '살아 있음'을 증명하는 것. 그것이 인간이고 영웅인 것 아닐까?

시시포스가 바위를 굴려 올리는 일을 '저승'에서 하고 있다는 데 대해 잠깐 덧붙인다. 그 저승은 곧 '지옥'일 것이다. 거칠고 험한 어둠의 세상. 어둠의 기운에 눌려 무력하게 잦아들 때 그곳은 영원한 지옥이 된다. 하지만 일어나서 움직일 때, 그곳은 더 이상 지옥이 아니다. 하나의 삶의 장이 된다. 멀리 저세상을 두고 하는 말이 아니다. 우리 사는 이 세상에 대한 이야기다.

한라산을 거듭 오르며
시시포스를 만나다

영웅 신화의 원형에 대한 글을 시시포스 이야기로 풀어낼 계획은 본래 없었다. 길가메시나 프로메테우스, 헤라클레스, 대별왕·소별왕 등에 대한 내용을 준비하고 있었다. 시시포스가 찾아온 것은 일종의 우연이었다. 지친 심신을 추스르기 위한 나 홀로 제주 여행에서 한라산을 오르던 중에 문득 그가 마음속에 스며들어왔다. '나의 영웅'으로서.

원래의 여행 계획에 한라산 등반은 포함돼 있지 않았다.

올레 길을 축으로 해서 제주 바닷가와 들녘을 마음껏 거닌다는 생각이었다. 실제로 그렇게 며칠을 걷고 또 걸었다. 그러던 어느 맑은 날, 문득 멀리 한라산의 모습이 눈에 들어왔다. 눈에 쌓인 하얀 봉우리를 보는 순간 거기 오르고 싶다는 마음이 생겨났다. 그간 여러 번 제주에 왔음에도 한라산에 오른 적은 없었다. 산보다 들을 좋아하는 취향 때문이었다.

'그래. 이번에 한번 한라산 백록담에 오르는 거야!' 그렇게 결심하고 바로 다음 날 결행했다. 백록담 탐방로 예약이 꽉 차 있었으나 계속 확인하다 보니 자리가 났다. 하지만 등산 준비가 문제였다. 당장 아이젠을 구할 곳이 없었다. 아침 일찍 버스를 갈아타고 성판악 탐방로로 갔으나 보기 좋게 퇴짜를 맞았다. 등산로는 입구부터 눈이 가득해서 장비 없이 갈 수 없는 상태였다. 급히 관음사 쪽으로 가서 휴게소에서 아이젠을 산 뒤 제한시간에 쫓기며 허겁지겁 산을 올랐다. 힘이 다 빠진 채로 헉헉대면서 겨우겨우 정상에 올랐으나 백록담은 볼 수 없었다. 짙은 구름뿐이었다.

산에서 한참 걸어 내려오는 중에 시시포스가 찾아왔다. 배낭을 메고 힘들여 산정을 오른 나. 결국 다시 내려가게 돼 있다. 산을 오르고 내려오는 일이 시시포스의 일과 다르지 않다는 생각이 들었다. 정상에 내내 머물 수 없는 것이, 내려올 수밖에 없는 것이 인간의 삶이다. 그럼에도 다시 또 오르기를 멈추지 않을 때, 그러한 오르내림을, 아니 '내리 오름'을 그치지 않고 계속할 때 우리의 삶은 '시시포스의 서사'가 되는 것 아닐까.

그리하여 다시 한라산에 올랐다. 하루 건너서. 또 이틀 건너서. 시시포스가 되어 세 번 오른 한라산 백록담 길은 서로 같지 않았다. 똑같은 오르내림이 아니었다. 다른 세계였고, 다른 '나'였다. 날씨가 달랐고 눈이 쌓인 정도가 달랐다. 땅과 나무 속의 생명적 움직임도 달랐으리라. 한 걸음씩 봄을 향해 나아가고 있을 테니까. '나'로 말하면, 몸과 마음에 커다란 다름이 있었다. 첫 번째는 힘겨워 헉헉댔으나 두 번째는 견딜 만했고, 세 번째는 무난했다. 마음에 편안한 여유가 생겨서 주변을 이리저리 둘러볼 정도로. 뜻밖에도, 세 번째 등반에서 들른 사라오름의 풍광이 백록담 못지않은 절경이었다.

시시포스가 되어 한라산을 오르면서 그가 산으로 바위를 굴려 올리는 일은 형벌이 아님을 몸으로 깨우쳤다. 첫날 너무나 가파르던 길은 다시 오르니 그렇지 않았다. 무겁고 부담스럽던 배낭도 점점 나와 한 몸이 되었다. 무엇보다도, 즐거웠다! 다시 내려올 길이지만 무슨 상관이랴. 내려옴이 있기에 올라감도 있는 것. 그러한 오르내림을, 내리 오름을 기꺼이 감수하리라는 마음이 밀려왔다. 시시포스의 거듭된 오름. 그것은 똑같은 오름이 아니다. 그는 계속 새로운 발견과 함께 즐거움과 성취감을 느끼고 있는 것이리라. 어쩌면 일부러 바위를 산 아래로 굴리는 것일지도! 신들을 향해 회심의 미소를 지으면서.

시시포스가 나의 자기서사로 찾아들면서 지나온 일상이 새롭게 재구성되었다. 도망치고 싶었던 반복되는 과업들. 그것은 형벌이 아니라 당연히 그리할 삶이었다. 축복이었다. 이렇게 살아서 움직일 수 있다는 자체만으로 얼마나 벅찬 일인지! 주어진 모든 일에 감사함을 느끼면서, 나는 다시 이렇게 글을 쓴다. 멀리 제주 바다를 바라보면서. 바깥으로 나가면 한라산 봉우리도 보이려나.

다시 움직이는 사람, 그대가 바로 영웅이다

세 번째로 한라산을 오르던 날, 시시포스에 대해 생각하던 중에 문득 웹문학 속의 '회귀자'들이 떠올랐다. 다시금 원점으로 돌아가서 과업을 계속하는 인물들. 웹소설과 웹툰에는 수많은 회귀자들이 주인공으로 등장한다. 싱숑 작가가 쓴 웹소설《전지적 독자 시점》의 영원한 회귀자 유중혁이 대표적인 사례다. 그간 하나의 판타지적인 장치로 생각했던 회귀자의 서사는, 사실은 신화적인 것이었다. 그 회귀자들이 곧 시시포스라는 뜻이다. 다시 원점으로 돌아온 상태에서 산정을 향해 바위를 굴리고 있는 것이므로. 카뮈가 말한바 '인간 승리'다.

이런 생각을 하면서 주변을 살펴보자 수많은 시시포스들이 눈에 들어왔다. 배낭을 짊어지고 설산을 오르고 있는 수많은 남녀노소들. 그들 모두 내려올 것을 알면서 힘들여 산비탈을 오르고 있는 중이다. 경사진 눈길을 뛰듯이 움직이는 사람도 있었지만, 힘에 부쳐 쓰러질 듯 헉헉대는 사람들도 많았다. 누가 이를 두고 '형벌'이라 말할 수 있을까. 그들 모두 이렇게 벅차게 살아 있는 것임을!

어찌 산을 오르는 일뿐일까. 우리의 모든 일상이 마찬가지다. 무의미해 보이는 일과가 반복되는 날들. 거기 무너져 잦아들 때 세상은 지옥이 되고 존재는 형벌이 된다. 하지만 기꺼이 회귀자가 되어 다시 움직일 때, 시시포스가 되어 돌을 굴려 올릴 때 세상은 '삶'의 터전이 되고 우리는 주인공이 된다. 그렇게 움직이고 또 움직이는 사람들. 조지프 캠벨이 인용한《우파니샤드》의 표현을 빌리면, "네가 바로 그것이다!" 그대가 바로 영웅이다.

한 가지 삽화를 덧붙이자면, 숙소에 돌아와 땀에 젖은 옷들을 손으로 비벼 빠는 중에 '가사家事'의 의미가 새롭게 다가왔다. 가득 쌓인 빨랫감을 물 대야에 넣어서 한참을 발로 밟고 비벼 빤 뒤 다듬이질을 하던 어머니…. 한없이 반복되던 그 일상의 무게감이 눈물로 다가왔다. 바리데기가 얼음물에서 검은 옷 희게 빨고 흰 옷 검게 빨던 장면의 신화적 의미도. 어디 꼭 과거의 일일까. 밥 짓고 청소하고 아이 챙기고… 표 나지 않는 일상사를 묵묵히 이어가고 있는 모든 이들에게 감히 경배를 보낸다. 그 한 사람인 아내에게 오랜만에 이렇게 말하고 싶다. "영원한 나의 여신님, 감사합니다!"

조금 전에 신의 길과 영웅의 길, 또는 자연의 길과 인간의 길이 다르다고 썼었다. 하지만 인간은 그 자체가 자연의 일부이고 신의 현현이다. 굴하지 않고 부딪쳐 싸우는 일은 인간의 자연적 속성이다. 그 자연성을 오롯이 체화할 때, 인간은 영원성을 얻는다. 일컬어 신성神性. 돌을 굴려 올리는 일을 영원히 계속하는 시시포스는 그 자체가 하나의 자연이고 신이다. 여기 있는 나, 그리고 우리 또한 마찬가지다. 걸림 많은 세상 속에서 묵묵한 나아감을 그치지 않는 사람, 그대가 곧 영웅이고 신이다. 그렇게 써나가는 갸륵한 삶의 서사, 아름다운 신화가 될 것이다.

토르의 망치와
궤네깃또의 책 사이

신화와 영웅의 세계적 보편성

구전으로 전해온 설화는 지역과 사람마다 천차만별로 다르지만 그 이면에 담긴 서사는 원형적 보편성을 지니는 경우가 많다. 인간의 존재적 정체성이나 고난 극복을 통한 자아실현을 다루는 이야기는 더욱 그러하다. 신화의 기본 화두에 해당하는 문제다.

신화에서 인생 과업 성취를 통한 존재적 자기실현이라는 문제의 중심에 위치하는 캐릭터가 영웅이다. 영웅은 절륜한 힘이나 지혜 등을 갖춘 인물인데 단지 그것만으로 영웅이 되지는 않는다. 투쟁을 통한 과업 성취가 주요한 조건이 된다. 그 과업이 자기 자신을 넘어서 세상에 기여하는 것이어서 집단의 자발적 존숭 대상이 될 때, 그를 영웅으로 일컫게 된다. 넓게는 인류의 영웅이나 국가의 영웅부터 좁게는 마을 영웅이나 가족 영웅까지 영웅의 범주는 무척 다양하다.

신화학자들이 영웅적 인물의 생애를 정리한 서사 모형에 '영웅의 일대기'가 있다. 귀한 혈통과 비정상적 출생, 버려짐과 죽을 위기, 구출과 성장, 공적 성취와 개선, 박해자와의 투쟁과 승리, 영광의 구현과 이례적 죽음 등으로 전개되는 일련의 틀이다. 본래 서양 신화 속의 영웅들을 바탕으로 추출된 것인데 세계적 보편성을 지닌다. 예컨대 한국 건국 신화 속 주몽과 석탈해, 김알지 등의 생애가 영웅의 일대기 구조를 따른다는 분석이 이루어진 바 있다. '영웅의 일대기' 외에 캠벨과 크리스토퍼 보글러가 각각 19단계와 12단계로 추출한 '신화 속 영웅의 여정'이라는 서사 모형도 보편성을 인정받아서 신화 분석과 스토리텔링에 널리 적용되고 있다.

신화 속 영웅들은 구체적 과업 면에서도 원형적 공통성을 나타내는 경우가 많다. 여러 개 떠오른 해를 활로 쏴서 떨어뜨리는 일이나 재앙을 초래한 악룡을 퇴치하는 일 등이 그것이다. 생사의 경계를 넘어 초월적 세계에 진입함으로써 인간의 행동반경을 넓히는 일 또한 세계 신화에서 널리 볼 수 있는 과업이다. 그 과업들은 기본 속성 면에서 자연과의 싸움으로서의 성격을 지닌다. 열악한 환경이나 자연적 제약에 맞선 인간적 투쟁의 면모다. 앞에서도 강조했지만, 신화 속 영웅은 인간의 표상으로서 성격을 지닌다. 어떤 인간이냐면, 모든 한계에 굴하지 않고 부딪쳐 싸우는 인간!

신화 속 영웅은 인류의 표상인 동시에 특정 집단이나 공동체의 표상이다. 그리스 신화와 북유럽 신화 속의 영웅은, 또는 중국 신화와 한국 신화 속의 영웅은 서로 같으면서도 다르다. 고대의 영웅과 중세의 영웅, 근대의 영웅과 현대의 영웅 또한 마찬가지다. 오늘날의 상황으로 말하자면 나의 영웅과 너의 영웅, 그들의 영웅이 서로 갈라져서 분열과 갈등을 낳고 있음을 본다. '다름'이 '틀림'처럼 되어서 부딪치는 형국이다. 우리에게 필요한 것은 그 다름의 맥락을 오롯이 이해하면서 이를 매개하는 서사적 접속을 이루는 일이다. 이제 북유럽 신화와 제주 마을 신화 속의 영웅신을 통해 그 서사적 연결고리를 찾아보려 한다. '지금 여기의 나'를 축으로 해서.

북유럽의 환경과 신화, 그리고 오딘과 토르

전통적으로 신화적 영웅을 말할 때 핵심에는 그리스 신화가 있었다. 영웅적 면모가 짙은 거인 프로메테우스로부터

긴 설명이 필요 없는 헤라클레스와 테세우스, 트로이 전쟁의 영웅 아킬레우스와 아가멤논Agamemnon 등에 이르기까지 그리스 신화는 영웅의 향연이라 할 만한 면모를 지닌다. 하지만 그 매력도가 다소 떨어졌는지, 요즘 신세대는 오딘과 토르 등 북유럽 신화의 영웅에 열광하는 중이다. 좀 더 날것으로 다가오는 야생적 면모가 한몫하는 것으로 생각된다. 야생성은 그 자체 신화의 본래적 면모이기도 하다.

북유럽 신화는 태초의 창조 신화부터 거친 역동성을 특징으로 하며, 이어진 일련의 서사 또한 뜨겁고 강렬한 투쟁으로 점철돼 있다. 오딘과 토르 등 북유럽 신화의 주역들이 영웅적 성격을 지니는 것은 자연스러운 일이 된다. 반영웅半英雄의 면모를 지니는 로키Loki에 이르기까지, 북유럽 신화의 주인공들이 움직이는 길은 끝없는 부딪침과 투쟁의 연속이다. 마치 싸우기 위해서 세상에 존재하는 것 같은 모습이다.

북유럽 신화에서 오딘과 토르 등은 신이다. 가장 중요한 신. 이들을 두고서 영웅이라 부르는 것은 어울리지 않는 일일 수 있다. 하지만 이들은 신인 동시에 명백히 영웅에 해당하는 면모를 지니고 있다. 무엇보다도 그들은 자연이 아닌 인간 존재를 표상한다. 자연의 편에서 세상을 주재하여 움직이는 것이 아니라 인간의 편에서 자연의 힘이나 체계와 맞서 싸운다. 그 형상과 행위는 극히 인간적이다.

북유럽의 여러 신 가운데도 투쟁심과 전투력이 특히 강한 존재가 천둥의 신 토르다. 그가 망치 묠니르를 휘두르면 천둥이 쳐서 세상이 뒤흔들린다. 벼락의 신 제우스를 연상시키는 모습인데, 살펴보면 속성에 차이가 있다. 자연의 본래적 위력을 표상하는 제우스의 벼락이 신과 인간을 지배하는 구실을 하는 것과 달리 토르의 천둥은 거인이나 다른 족속과의 싸움에 사용된다. 토르가 상대하는 거인들은 크고 거친 자연을 표상하거니와, 토르의 과업은 자연에 맞서서 삶의 길을 여는 데 있다. 토르가 손이 아닌 망치로 천둥을 일으킨다는 점 또한 인간적 문명성을 나타내는 면모로 볼 수 있다. 망치는 사람이 만들어서 쓰는 도구인 것이다.

북유럽 신화에서 자연에 대한 영웅적 투쟁이 강조되는 것은 특유의 환경과 관련이 깊다. 스칸디나비아반도를 비롯한 북유럽 지역은 자연환경이 험하고 열악하다. 겨울이면 끔찍한 추위와 함께 기나긴 밤이 이어진다. 그 원형적 표상이 얼음과 눈의 세상 니플헤임이며, 생명적으로 구체화된 존재가 서리거인이다. 생존을 위해 맞서 싸워야 하는 대상이다. 한편, 북유럽의 여름은 여느 지역 못지않게 더우며 긴긴 태양의 시간이 이어진다. 불의 세상 무스펠헤임의 현현이다. 필연적으로 감당해야 할 자연조건이다. 크고 험한 산이나 거친 바다도 부딪쳐 극복해야 할 또 다른 거인에 해당한다. 허리띠 메긴교르드를 졸라매고 망치를 휘두르며 거인들과 싸우는 토르는 북유럽 사람들 자체라고 해도 좋을 것이다. 태초 거인 이미르와 오딘 삼형제의 싸움으로부터 이어져온 기나긴 역사다.

북유럽 신화에서 오딘과 토르 등은 아제(에시르)신에 속하는데, 거인들 외에 바네(바니르)신들과도 전쟁을 치른다. 오딘이 주도한 그 전쟁은 얼핏 종족 간 싸움으로 보이지만, 잘 보면 이 또한 자연과의 싸움에 해당하는 면모를 지닌다. 바네의 대표신인 프라이Freyr는 바다의 신 뇨르드Njörðr와 대지의 여신 네르투스Nerthus 사이에서 태어난 존재로 자연신적 면모가 뚜렷하다. 바네신 숭배는 자연을 부모처럼 존중하고 따르는 삶의 방식이라고 볼 수 있다. 이에 대하여 오딘은 바네신들을 물리쳐 제압하는 길을 택한다. 한쪽 눈을 희생하고 얻은 지혜를 무기로 삼은 투쟁이었다. 그 지혜는 명백히 문명적이고 인간적인 것에 해당한다.

전쟁의 신 오딘과 천둥의 신 토르가 발휘하는 위력은 일견 죽이고 파괴하기 위한 것처럼 보인다. 현대에 들어와 슈퍼 히어로로 거듭난 오딘과 토르의 형상은 압도적 전쟁신 이미지에 가깝다. 하지만 우리는 기억해야 한다. 그들의 싸움은 살기 위한 것이고 살리기 위한 것이라는 사실을. 험한 자연환경 속에서 삶의 길을 찾아 분투해온 영웅적 역사가 그들의 서사 속에 깃들어 있다. 후예나 메르겐,

대별왕·소별왕이 하늘의 해를 쏘고 백두산 백장군이 흑룡과 맞서 싸운 것과 통하는 면모다.

그리고 그들은 전지전능한 무소불위 능력자가 아니다. 오딘은 한쪽 눈을 잃은 존재이며, 토르는 거인의 주머니에 속절없이 갇혀 휘둘리는 곤경을 치른 존재다. 인간이 그런 것처럼, 그들의 한계는 명확하다. 중요한 것은 그들이 끝없이 움직인다는 사실이다. 산꼭대기로 끊임없이 바윗돌을 굴려 올리는 시시포스처럼. 시시포스와 비교하면, 오딘과 토르는 더 적극적이고 개척적이다. 같은 행위를 반복하는 대신 계속 다른 벽에 몸을 부딪쳐 새 영토를 열어나간다. 칼 같은 예기와 천둥 같은 행동력으로. 영웅의 진경眞境이다.

거대한 벽과 맞서 싸워서 스스로 거인이 되고 신이 되는 것. 인간 존재의 원형적 과업에 해당하는 무엇이다. 세계의 큰 벽에 둘러싸인 21세기 젊은이들이 오딘이나 토르에 열광하는 현상이 우연이 아님을 문득 깨닫는다.

제주도 작은 마을의 영웅
궤네깃또의 위엄

오늘날 세상에 널리 알려진 신화들은 국가와 민족, 또는 종족 차원의 이야기들이다. 예전에는 이보다 작은 단위의 신화들이 널리 전승되었었다. 작은 마을에도 각기 자기만의 신화가 있었으니, 그 인상적이고 생생한 자취를 신화의 섬 제주에서 볼 수 있다. 제주의 크고 작은 여러 마을은 본향本鄕으로 불리는 지역 수호신을 모시고 있으며, 다수의 본향신들이 신화에 해당하는 내력담을 지니고 있다.

제주 본향신 가운데는 영웅적 면모를 지닌 이들이 많다. 그중에도 첫손에 꼽을 만한 존재가 구좌읍 김녕마을의 신 궤네깃또다. 궤네깃또는 송당리 본향신 소천국의 아들로서 하나의 특별한 내력담이 전해진다. 궤네깃또 내력담은 형제뻘인 내왓당 천자또마누라나 일뤳당 바라못도 내력담과 유사한 면이 있지만 서사적 스케일이 더욱 크고 완성도가 높다. 완연한 영웅 신화의 풍모다. 아담한 작은 마을의 신임에도 불구하고 궤네깃또의 당당한 존재감은 세계 신화의 내로라하는 영웅에 못지않다. 《살아 있는 한국 신화》에서 그를 소개하면서 "바다와 대륙을 평정한 거침없는 영웅"이라 했는데 과장이 아니다.

궤네깃또의 영웅적 면모는 헤라클레스나 오딘보다는 토르에 가깝다. 거침없는 직진과 투박한 부딪침이 그러하며, 소 한 마리를 통째로 먹는 대식성이 그러하다. 궤네깃또는 동해 바다를 거쳐 중국 대륙에 다다른 뒤 머리가 두셋 달린 장수와 넷 달린 장수를 차례로 무찔러 변란을 막고서 천하제일의 장수가 된다. 명백한 장군신 이미지다. 무신도에 나오는바 말에 올라탄 채 눈을 부릅뜨고 칼을 쳐든 장군신의 형상이 꼭 어울린다. 그는 땅을 떼어주고 천금상 만호후를 봉하겠노라는 중국 천자의 제안을 단칼에 거절하고 떠나거니와, 대륙을 완벽하게 압도한 모습이다.

거슬러 올라가면, 궤네깃또는 제주섬 고부니마루에서 솟아난 소천국과 강남천자국 백모래밭에서 솟아난 백주또 사이에서 여섯 째 아들로 태어난 존재였다. 그는 어려서 아버지에게 버림받는다. 아버지 수염을 잡아당기고 가슴을 두드렸기 때문이다. 타고난 반골성일 수도 있고, 아버지답지 못한 아버지에 대한 저항일 수도 있다. 궤네깃또는 무쇠석갑에 갇힌 채로 동해 바다에 띄워지는데, '영웅의 일대기'의 둘째 단계인 '버려짐과 죽을 위기'에 해당한다. 하지만 그로서는 버려짐이라기보다 큰 세계로의 여행에 해당하는 과정이었다. 바다를 흘러 다니던 중 동해 용왕 막내딸이 석갑을 열었을 때 옥 같은 모습으로 책을 한 상 가득 받고 앉아 있었다 하니 그야말로 여유만만이다. 막내딸과 짝을 이룬 뒤 궤네깃또는 날마다 소와 돼지를 통째로 먹어치워서 용궁 창고를 거덜 낼 지경에 이른다. 바다를 자기 세상으로 삼아 풍요를 마음껏 누린 면모다. 그렇게 그는 바다를 평정한다.

바다와 대륙을 평정한 궤네깃또가 중국 천자의 제안을 뿌리치고서 행한 일은 백만 군사를 거느리고 고향땅 제주로 돌아온 일이었다. 화려한 귀환! 그가 거제도·남해도·진도·완도를 거쳐 제주섬에 상륙하자 소천국과 백주또가 놀라서 달아나다가 죽어서 각기 알송당과 웃송당에 좌정했다고 한다. 일컬어 구시대의 종언이다. 궤네깃또는 부모의 제사를 치른 뒤 백만 군사를 흩어 보내고 제주섬을 널리 둘러보다가 김녕리 궤네기를 마음에 드는 장소로 선택하고서 신으로 좌정한다. 김녕마을 수호신 궤네깃또는 해마다 큰 돼지, 검은 돼지, 흰 돼지를 제물로 받고서 마을을 보살펴준다. 평안하게, 그리고 풍요롭게. 오늘날까지 계속되고 있고 앞으로도 이어질 일이다.

바다와 대륙을 휘저은 크나큰 행보의 결과가 작은 마을 수호신이고 돼지 한 마리 제물이라면 용두사미 아니냐고 할지 모르겠다. 큰 나라 왕이 되고 만인의 신이 되는 것을 영예로 삼는 입장에서 보면 그럴 것이다. 하지만 이는 다분히 정치적이고 권력적인 사유다. 신화의 사유 체계에서는 모든 곳이 세상의 중심이다. 특히 나 자신과 나의 갸륵한 동반자들이 있는 곳은. 제주섬 김녕마을 사람들에게는 그곳이 가장 크고 신성한 땅이다. 그곳을 지켜주는 궤네깃또는 가장 큰 과업을 맡고 있는 최고의 신이다.

궤네깃또 이야기에서 특별히 주목할 화소는 '한 상 가득한 책'이다. 소·돼지를 통째로 먹고 괴물 장수들을 제압하는 장군신 이미지와 안 맞아 보이는 요소다. 하지만 그

책은 이 신화 속 문화적 상징의 중핵을 이룬다는 것이 나의 생각이다. 대륙을 제압하고 바다를 평정하는 일은 자연에 맞선 투쟁적 삶을 표상한다. 척박한 땅 거친 바닷속에서 힘들게 삶을 일궈온 제주 사람들의 내력이 거기 담겨 있다. 책은 그들의 또 다른 도전이고 투쟁이라 할 수 있다. 버림받은 변방의 피지배자로서 겪는 차별과 소외를 공부와 지식으로 극복하겠다는 것! 궤네깃또가 책을 가득 안고서 큰 세상으로 나아간 데는 제주 사람들의 역사가 담겨 있다. 밤을 밝히며 글과 씨름해서 스스로를 지키고 세워온 분투의 역사. 그것이 제주의 역사를 넘어 한겨레의 문명사라고 하면 시골구석에서 태어나 공부 하나로 길을 열어온 사람의 주관적 편견일까?

지난겨울, 제주 여행의 숙소 한 곳을 일부러 김녕리 들판의 한 민박집으로 잡았었다. 하루 종일 비가 촉촉이 내린 다음 날, 해 뜰 무렵에 궤네기 신당을 찾아갔다. 신당이라면 집을 떠올릴지 모르지만, 제주 본향당은 나무나 바위, 굴 같은 자연물인 경우가 많다. 궤네깃당도 그렇다. 들판에 서 있는 한 그루 팽나무와 그 아래편의 바위 동굴이 곧 궤네깃또가 깃든 성소聖所다. 거기 한 손에 칼을 들고 한 손에 책을 든, 토르의 망치와 오딘의 지혜를 함께 갖춘 위대한 신이 좌정해 있다.

궤네깃당에서 한참을 머물며 서성이다가 근처의 작은

오름에 올랐다. 모름지기 궤네깃또 신이 수시로 그곳을 오르리라. 한쪽을 보니 멀리 아침 햇살 속 김녕마을 건너로 드넓은 바다가 은빛으로 반짝였다. 맞은편을 보니 푸른 들과 나무숲 너머로 한라 영산 하얀 봉우리가 우뚝했다. 그것은 하나의 큰 우주였다. 신령하기 그지없는.

토르와 궤네깃또와 나, 망치와 칼의 재발견

문학치료학의 관점에서 내 안의 영웅 서사를 돌아보면서 그 원형으로 시시포스에 대해 말했었다. 한라산을 거듭 오르며 얻은 깨달음이었다. 토르나 궤네깃또로 말하자면 나의 서사와 이질적 거리감이 큰 편이다. 궤네깃또의 책은 나름 나의 것이라 할 수 있겠다. 하지만 내가 손에 든 것은 책뿐. 망치와 칼은 나의 것이 아니었다. 몸을 던져 부딪쳐야 하는 진짜 싸움에서 나는 지레 기가 눌려 뒷걸음질을 치고 말 '예정된 패배자'였다. 그리하여 나는 지금 토르를 말하고 궤네깃또를 말한다. 칼 같은 예기와 천둥 같은 행동력이 필요한 나. 한 손에 궤네깃또의 칼이나 토르의 망치를 들어야 한다. 내 삶의 영웅이 되기 위해서.

조금 전 토르에 대해 얘기하면서 그가 '살리는 존재'라 했었다. 헤아려보면 망치의 쓰임이 원래 그러하다. 전쟁과 같은 특수 상황이 아니라면, 망치는 '건설'을 위한 도구다. 망치가 있어야 집이나 창고를 지을 수 있다. 내가 살 집을 직접 짓는 일을 머리로만 헤아리면서 엄두를 내지 못하는 나. 토르의 망치를 손에 들면 그 일이 가능할지 모른다. 칼은 또 어떤가. 흔히 전쟁이나 살육을 연상하지만, 현실 속에서 칼의 가장 큰 쓰임은 자르고 깎아서 만드는 일이다. 우리를 먹여 살리는 음식 같은 것을. 내가 통 못하는, 언젠가 도전해야 할 일이다. 머무름 없이 움직여 나가면서 바꾸어가는 것. 그렇게 살아 있음을 새롭게 확인해가는 것. 그것이 우리가 펼쳐가야 할 영웅 서사의 핵심 아닐까?

군이 이런 내용을 쓰는 이유는 사적인 관심사나 계획을 말하기 위함이 아니다. 신화 속의 수많은 영웅이 우리 자신에게 의미 있게 들어와 깃들 수 있음을 말하기 위함이다. 오딘과 토르가 퀘네깃또나 바라못또와 만나서 합을 겨룰 가능성은 거의 없지만, 우리의 서사 속에서는 만남과 융합이 얼마든지 가능하다. 천의 얼굴을 가진 수많은 영웅이 모두 나의 자기서사가 될 수 있다. 지역적·집단적 특수성과 시대적 차이를 지닌 수많은 영웅 신화들은 서사적 접속과 연결을 통해 우리의 영원한 자산이 될 수 있다. 제각기 서로 다른 관심과 방향으로. 도전을 통한 초극적 자기실현이라는 하나의 같은 길로.

중요한 것은 모양새나 결과가 아니다. 움직여 부딪치는

일 그 자체가 중요하다. 어디에서인가 하면 바로 지금 여기에서. 어떻게인가 하면 나 자신의 방식으로. 김녕 사람들에게 김녕마을이 세상의 중심인 것처럼, 나에게는 풀무골 작은 마을이 세상의 중심이다. 내가 들어앉아 있는 나의 방, 여기가 나의 궤네기다. 지금 내가 행하고 있는 일이, 이 작은 글쓰기가 곧 영웅적 과업이다. 그렇게 앞으로 나아갈 것이다. 새로운 도전을 끊임없이 시도하면서. 오딘과 토르와 궤네깃또가 그리했던 것처럼. 바리데기와 감은장아기, 자청비가 그리했던 것처럼.

미궁 속의 반인반수,
내면 괴물과의 결전

아테네 최고 영웅? 아니 그 이상!

세계 신화를 말할 때 그리스 신화를 빼놓을 수 없고, 그리스 신화를 말할 때 영웅을 빼놓을 수 없다. 그중에도 딱 둘을 꼽는다면 헤라클레스와 테세우스일 것이다. 좀 더 유명하기로는 헤라클레스이겠지만, 서사의 굴곡과 의미 면에서 테세우스의 인생 역정에서 받게 되는 특별한 이끌림이 있다.

테세우스는 아테네 최고의 영웅으로 일컬어진다. 그는 아테네 왕 아이게우스Aegeus의 아들로서 이역에서 태어나 성장한 뒤 수많은 악당들을 보란 듯이 제압하고 아테네로 귀환한다. 그리고 아테네 청년들을 제물로 잡아먹던 황소 괴물 미노타우로스를 찾아가 죽이는 데 성공하고 아테네의 왕이 된다. 아테네 국가 영웅 내지 종족 영웅으로서 부족함이 없는 모습이다.

하지만 우리 관심사인 역사적 영웅으로서의 면모는 아니다. 테세우스의 서사에 담겨 있는 더 보편적이고 심층적인 의미 요소에 주목하게 된다. 핵심은 그가 크레타 섬의 왕 미노스Minos의 미궁 속에서 펼친 반인반수 괴물과의 결전이다. 그 싸움이 특정 시공간을 넘어서 우리 모두의 인생 투쟁에 해당하는 무엇일 수 있음을 본다.

그 발견은 예기치 않게 찾아왔다. 여행을 마치고 돌아와 칩거하다 보니 시나브로 심신이 잦아들며 일차원적 본능의 포로가 되어갔다. 먹고, 자고, 텔레비전, 스마트폰… 또 먹고, 자고, 스마트폰…. 휴식과 충전이라는 명분으로 포장된 내적 실체는 극히 동물적인 일상이었다. 여러 날 만에 정신을 차리고 돌아보니 완연한 미로 속이었다. 하염없이 올레 길을 걷고 한라산을 오르던 시간과의 아득한 거리! 그때 문득 미노타우로스가 찾아왔다. 나의 자기서사로서.

황소 괴물 미노타우로스는
어떻게 생겨났나

미노타우로스는 신화에 등장하는 최악의 괴물 중 하나로 손

꼽을 만하다. 몸은 인간이되 머리는 황소인 반인반수半人半獸의 흉한 모습과 난폭한 성질도 그렇지만, 생겨난 내력이 더욱 끔찍하다. 그는 한 여인이 황소와 통정해서 낳은 자식이었다. 황소에 혹해서 스스로 암소가 되기를 주저하지 않은 여인은 한 나라의 왕비였다. 당연히 남편이 있는….

크레타 섬의 미노스는 큰 세력을 지닌 강한 왕이었다. 어느 날 바다의 신 포세이돈은 미노스로 하여금 아름다운 소를 얻게 한 뒤 그것을 자신에게 제물로 바치도록 한다. 하지만 소를 욕심낸 미노스는 신을 속이고 다른 소를 바친다. 그러자 포세이돈은 미노스의 아내 파시파에Pasiphae를 소에게 혹하게 만든다. 소와 관계를 맺기 위해 안달하던 파시파에는 최고 기술자 다이달로스Daedalus가 만든 가짜 암소 속에 들어가서 원하던 바를 성취한다. 그 동물적 교접의 결과로 반인반수의 끔찍한 괴물 미노타우로스가 탄생한 것이었다.

내용 자체로 엽기 막장이거니와, 의미상으로 보면 더 무섭다. 왜냐하면 그 내적 맥락이 너무나 현실적이기 때문이다. 미노타우로스는 인간의 범람한 욕망이 만든 산물이다. 미노스 왕의 소유욕과 파시파에의 성욕, 다이달로스의 지배욕이 거짓과 술수를 동반하면서 맞물려 합쳐진 형국이다. 그렇게 탄생한 괴물이 욕망의 덩어리로서 정체성을 지님은 당연한 결과가 된다. 어떤 욕망이냐면 제어 불가능한 뒤틀린 욕망! 그런 욕망의 존재는 우리 사는 세상에 얼마나 많은지….

미노스의 소는 원래 신이 전해준 아름다운 선물이었다. 세상의 모든 동물은 하늘이 낸 고귀한 생명이니 신의 선물이라 할 수 있거니와, 인간의 소중한 동반자인 소는 더욱 그러하다. 문제는 그것이 신적 순리에 반하는 소유적 욕망의 대상이 될 때다. 그 극단에 소와 교접하려고 한 파시파에가 있지만, 미노스 왕이나 다이달로스의 일도 명백히 역리逆理에 해당하는 것이었다. 신화는 바다의 신이 분노해서 파시파에로 하여금 소에게 미혹되게 했다고 하지만, 인간이 스스로 검은 욕망의 포로가 돼버린 상황을 그리 표현한 것이라고 봄이 옳다. 일컬어 흑화黑化. 한 인간이 욕망에 사로잡혀 귀鬼나 물物의 길로 접어드는 것은 얼마나 흔한 일인지… 그 전락의 속도는 얼마나 걷잡기 어려운 것인지….

황소 괴물 미노타우로스는 동물적으로 뒤틀린 인간의 신화적 상징이다. 한 마리 짐승이 되어서 식식대며 날뛰는 존재. 그 짐승은 어디에 있는가 하면 깊은 미궁 속에 들어 있다. 다이달로스로 표상되는 교묘한 기술이 그를 보이지 않게 깊이 가둔 상태다. 하지만 안 보인다고 해서 없는 것이 아니다. 드러나 보이지 않기에 더 거침없고 위험한 것이 인간의 욕망이다. 인간의 내면이라는 깊고 어두운 미궁 속에서 검은 눈을 번득이고 있다가 먹잇감이 보이면 가차 없이 덤벼드는 괴물. 이 괴물을 어찌할 것인가.

테세우스는 어떻게 괴물을 물리쳤나

신화는 아테네의 많은 청춘 남녀들이 미노타우로스의 희생물이 되었다고 한다. 한번 걸리면 벗어날 방법이 없었다. 그 괴물이 워낙 무섭다는 사실 외에 한번 미궁에 빠져들면 돌아 나올 수 없다는 점이 문제였다. 인간의 욕망이라는 것이 본래 그러하다. 빠져들기는 쉽지만 헤어나기는 어려운 찐득한 늪….

괴물 더하기 미궁. 실패로 예정되어 있는 그 싸움을 보란 듯이 승리로 장식한 인물이 우리의 영웅 테세우스다. 그는 미궁 라비린토스 깊은 곳을 찾아 들어가서 미노타우로스를 맨손으로 때려죽이는 데 성공한다. 그리고 유유히 귀환한다. 그는 어찌 그리할 수 있었던 것일까?

먼저 테세우스가 스스로의 선택으로 괴물을 찾아갔다는 데 주목하게 된다. 그는 처음부터 괴물을 죽이겠다는 마음으로 길을 나선다. 다른 남녀들이 희생물이 되어서 보내진 것과 다르다. 그러니까 그는 욕망의 포로가 된 존재가 아니라 욕망을 제압하러 나선 존재에 해당한다. 주체적 의지와 신념, 그리고 투쟁심과 행동력으로. 그가 미궁과 괴물에 휘둘리지 않을 수 있었던 바탕이다.

생각을 좀 더 진전시키면, 테세우스 자체를 미노타우로스가 표상하는 본능적이고 파괴적인 욕망의 대척점에 놓이는 냉철한 이성과 의지의 상징으로 볼 수 있다. '우리 안의 미노타우로스'에 대한 '우리 안의 테세우스'가 되겠다. 미노타우로스와 테세우스의 싸움이 우리 내면의 싸움, 또는 자기 자신과의 싸움에 해당하는 무엇이라는 뜻이다. 가장 가까우면서도 무엇보다 크고 어려운 싸움이다. 그 싸움에서 보란 듯이 승리했으니, 테세우스는 참다운 영웅이라 하기에 부족함이 없다.

하지만 테세우스는 자기 힘만으로 미노타우로스를 제압한 것이 아니었다. 한 명의 특별한 조력자가 있었으니 아리아드네Ariadne가 그 사람이다. 미노스의 딸로서 테세우스를 사랑하게 된 아리아드네는 미궁으로 들어가는 정인情人에게 실타래를 전해준다. 실타래에서 풀려난 실 줄기를 따라서 움직임으로써 테세우스는 미궁에서 길을 찾아 나올 수 있었으니 결정적인 도움이었다.

아리아드네의 실타래에 대해서 몇 가지 해석을 해볼 수 있다. 먼저 그것이 이성의 끈이라는 것. 내면의 미로 속에서 길을 잃지 않게 하는 무엇이다. 다음은 입구로부터 이어진 실이 하나의 '역사'라는 것. 문학치료식으로 말하면 '서사'가 된다. 테세우스는 자기서사의 길을 따라 움직임으로써 본디의 자리로 돌아올 수 있었다고 할 수 있다. 한

편으로 그 실타래를 '인연'이나 '사랑'으로 볼 수도 있겠다. 신화에서 테세우스와 아리아드네의 관계는 본능적 욕망보다는 인간적 연결과 합력에 가까운 것으로 표현되거니와, 괴물 미노타우로스와의 대척점에서 맺어진 관계이니 이를 사랑이라고 불러도 되지 않을까? 동물적 욕망을 이겨내는 힘은 인간적 사랑에서 나온다는 것. 역설적 진실이다.

어떻든 그렇게 테세우스는 황소 괴물을 죽이고 미궁에 길을 낸다. 그렇게 낸 길은 하나의 새로운 서사가 된다. 어떤 서사인가 하면, 치유와 극복의 서사. 그리고 신성의 서사. 우리는 이를 신화神話라고 부른다. 도전과 투쟁을 통한 극복의 서사이니 영웅 신화!

미궁에 갇힌 또 다른 사내들

헤아려보면 우리 마음속의 길은 참으로 복잡다단하다. 미궁이라는 말이 꼭 어울린다. 고정된 미궁이 아니라 계속 움직여 바뀌는 끝 모를 미궁이다. 그 미궁을 이루는 길의 8할이 욕망이라고 하면 지나칠까? 아니, 어쩌면 9할 이상일지도 모른다.

한국 민간 신화의 주인공들 가운데 욕망의 미궁에 갇힌 이들이 있다. 특별히 무인도에서 존재적 방황과 절멸을 경험한 안심국과 궁산이가 마음에 떠오른다. 안심국은 한 나라의 왕자로, 궁산이는 한 고을의 선비로 별다른 문제없이 잘살던 사내들이었다. 그러나 그들은 어느 순간 절해고도 무인도에 던져진다. 신화는 그들이 누군가에 의해 섬으로 보내진 것처럼 말하지만, 실상 그들은 스스로 제 존재를 유폐한 것이라고 볼 수 있다.

그 뿌리는 역시나 욕망이었다. 안심국은 한 여자와 결혼한 뒤 남편의 책무를 외면하고 밖으로 나돌면서 방탕한 생활을 하다가 무인도 황토섬에 갇힌다. 그가 황토섬을 속절없이 몇 년간 배회한 결과는 온몸에 털이 나서 한 마리 짐승처럼 된 일이었다. 세상의 기린아와 황토섬의 짐승, 그 둘의 간격은 사실 종이 한 장 차이였다. 스스로 검은 욕망의 미궁에 찾아 들어간 상황에서 존재적 전락은 정해진 코스였다고 보아도 좋다.

궁산이는 상대적으로 순박한 사람이었으나 역시 욕망의 함정을 피하지 못한다. 그는 유혹을 이겨내기에 너무 나약했다. 교활한 악인이 꾀어서 휘둘렀다지만, 노름 놀이에 혹해서 아내까지 걸었다가 빼앗긴 것은 그 자신이 한 일이었다. 통제가 안 되는 안일함과 유아적 욕망. 그 결과는 절해고도에서 외로움과 굶주림에 신음하는 너절한 몸뚱이였다.

모든 미궁에는 어떻게든 출구가 있는 것일까? 절망의 끝자락에서 안심국과 궁산이는 가까스로 길을 찾아낸다.

그 바탕은 뼈저린 후회와 반성이었다. 그리고 어떻게든 다시 일어나고자 하는 발버둥이었다. 욕망의 남용을 좌시하지 않았던 것처럼, 신은 그 발버둥을 외면하지 않는다. 천신만고 끝에 무인도를 벗어나 다시 아내 곁에 선 두 사람, 신이 된다. 엉뚱한 비약으로 생각할 수도 있으나, 나는 그렇게 보지 않는다. 자기와의 싸움에서 이긴 그들이니 그 또한 영웅이라고 여긴다. 자기 안의 괴물과 싸워 이긴다는 것은 그 괴물이 어떠한가를 떠나서 언제라도 가볍지 않은 일이다. 뼈아픈 성찰은 용맹한 투쟁 못지않게 크고 중요한 무엇일 수 있다.

쉼 없이 이어가야 할 싸움

다시 테세우스로 돌아와서, 그 용맹한 투쟁과 승리의 뒷자락을 살펴본다. 그 뒤를 이은 것은 뜻밖에도 크나큰 영광과 성취 쪽이 아니었다. 오히려 그 반대에 해당하는 것이었다.

테세우스는 미궁을 나온 뒤 싸움의 결정적 조력자였던 아리아드네와의 접속에 실패한다. 특별히 중요하다고 할 수 없는 이유로 아리아드네의 손을 내려놓는다. 그리고 그녀는 다른 운명의 길로 흘러간다. 서사의 단절. 그렇게 테세우스는 실타래를 놓친다. 이성理性의 실타래, 또는 사랑의 실타래를.

테세우스가 놓아버린 이성 또는 인연의 끈은 또 다른 비극으로 이어진다. 결전에서 승리하면 흰 깃발을 달고 오겠다던 약조를 소홀히 하는 바람에 아버지 아이게우스가 비탄 속에 자결한다. 테세우스는 아버지를 이어서 아테네 왕이 되지만 문제는 끊이지 않는다. 그의 두 번째 아내 파이드라Phaedra가 첫 아내 안티오페Antiope의 아들 히폴리토스Hippolytos를 욕망하다가 자살하고, 히폴리토스도 아버지의 저주 속에 죽어버린다. 테세우스의 결말 또한 허무한 비극이었다. 그는 스파르타의 어린 공주 헬레네Helene를 납치했다가 반격을 자초해 몰락해간 끝에 벼랑에서 쓰라린 최후를 맞이한다. 크레타의 미궁 라비린토스에서 괴물 미노타우로스를 죽일 때의 드높던 기세는 간 곳이 없다.

왜 서사가 이렇게 흘러가는 걸까? 역사적 측면을 떠나 심리적 상징으로 풀이해보자면, 그는 진정한 라비린토스가 바로 자기 안에 있음을 몰랐던 것이라 할 수 있다. 아리아드네의 손을 놓으면서 그는 라비린토스에 갇히기 시작한다. 자식을 저주해서 죽게 할 때의 그는, 또는 헬레네를 납치할 때의 그는 더 이상 테세우스가 아니다. 한 마리 괴물 짐승 미노타우로스일 따름이다.

내 안의 욕망과의 싸움이란 이렇게 힘든 법이다. 눈에 보이는 크고 중요한 과업 앞에 설 때는 오히려 문제되지 않는다. 거기 집중해서 힘을 낼 것이므로. 정말 어렵고 중요한 바는 사소한 일상이다. 일상 속의 소홀함과 범람함이 시나브로 존재를 갉아먹어 결정적으로 무너뜨린다. 테세우스의 비극적 죽음이 미노타우로스의 저주였다고 하면 지나칠지 모르지만, 이렇게는 확실히 말할 수 있다. 미노타우로스는 어딘가에 늘 도사리고 있다고. 죽어도 새로 살아나게 되어 있다고. 그와의 싸움은 평생을 걸쳐 이어가야 할 존재적 숙명이다.

한국 신화 속의 두 사내 안심국과 궁산이는 신이 되었다고 했다. 그들이 테세우스보다 약하고 초라한 존재였음을 생각하면 반전이라고 할 만한 결과다. 어쩌면 그들 자신이 초라한 존재였기 때문에, 그 초라함과 한계를 뼈아프게 느끼며 좌절했기 때문에 미궁에서 벗어날 수 있었던 것이 아닐까 생각해본다. 테세우스와 달리 그들이 자신의 아리아드네에게로 와서, 아내 계화씨와 명월부인에게로 와서 손을 잡은 일도 빼놓을 수 없겠다.

자신이 외면하고 소외시켰던 아내 계화씨 곁으로 돌아온 안심국이 받은 신직은 가신家神이다. 별호는 성조씨. 우리가 잘 아는 그 신 성주신이다. 집의 대들보에 깃드는, 가정의 대들보 구실을 하는 신이다. 성조씨 안심국의 행보를 통해서 내가 움직여 써나가야 할 영웅 서사의 길을 본다. 일상적인. 크고도 어려운.

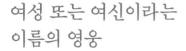

여성 또는 여신이라는
이름의 영웅

여신과 영웅 사이

영웅 신화에 대한 글을 구상하면서 여성 영웅을 포함하리라고 마음먹었었다. 왜냐하면 여성이 세상의 숨은 영웅이므로. 쓰고 보니 '숨은'이라는 말이 걸린다. 스스로 숨었을리 없으므로. 숨은 것이 아니라 늘 거기 있었던 것이므로.

'영웅'과 '여성'이라는 말 사이에는 모종의 거리감이 있다. 일반적으로 영웅의 호칭은 남성들의 것이다. 여성 영웅이라고 일컬을 만한 이들이 있지만, 예외적이다. 알고보면 꽤나 권력적인 양식인 신화의 경우는 더 그렇다. 그리스 신화만 하더라도 전형적인 여성 영웅으로는 아탈란타Atalanta 정도를 들 수 있을 따름이다. 여신들을 포함한 신화 속 여성의 대다수는 주체라기보다 대상이며, 주동자가 아닌 보조자다. 많은 경우 그들은 '도구'일 따름이다. 현실의 권력 구도가 반영된 형상이다.

하지만 '이야기'는 권력 이상의 것이다. 표면의 텍스트가 현실을 반영한다면 이면의 서사는 진실을 담아낸다. 여성의 억눌리고 지워진 존재성은 그 반작용으로 더 강한 파토스와 울림을 만들어내곤 한다. 물론 늘 그런 것은 아니다. 질곡에 맞서 자기를 세우고 실현하고자 분투할 때의 일이다. 그리고 그런 여성들은 신화 속에 당연히 있다. 어쩌면 대다수일지도 모른다.

미력한 존재로서 세상의 거대한 벽에 맞서 싸우는 존재가 영웅이라고 했다. 세계라는 벽과 사회라는 벽에 이중으로 갇혀 있는 여성이 움직여 싸울 때 그것은 전면적인 존재적 투쟁일 수 있다. 영웅적인! 나는 신화 속의 많은 여성들에게서 일거수일투족 모두를 영웅적이라고 일컬을 만한 사례들을 본다. 그들을 굳이 '여성 영웅'이라고 부르고 싶지 않다. 그냥 '영웅'이 더 어울린다. 모든 싸우는 사람들의 빛이 되는, 진짜 영웅!

이시스에게서 보는 여신의 원형

세계 신화 속에는 수많은 여신들이 있다. 그중 원형적이라고 일컬을 만한 존재로 이집트 신화 속의 이시스Isis를 들 수 있다. 여신 중의 여신이라 할 만한 인물이다. 신들의 어머니, 마법의 지존, 지혜의 의자, 천상의 성모 등 많은 별명을 가진 여신이다. 그리스 신화의 헤라Hera와 아폴론, 아테나, 데메테르Demeter, 페르세포네Persephone, 그리고 아프로디테를 합친 것과도 같은 신격을 지닌 신이라고도 한다.

이시스는 하늘신 누트와 땅의 신 게브 사이에서 태어난 딸이다. 누트와 게브 사이에서 태어난 아들딸들은 서로 결혼해서 짝을 이룬다. 큰아들 오시리스는 이시스와 짝을 이루며, 다른 아들 세트는 여동생 네프티스Nephthys와 결혼한다. 이집트 신화의 남매혼 화소는 당대 사회 문화의 반영으로 해석되는데, 하늘과 땅의 고귀한 자손들 간의 신성혼神聖婚을 상징하는 것으로도 풀이할 수 있다. 지상에서 하늘과 땅의 힘이 어우러져 힘을 내게 되는 구도다.

이시스와 오시리스 가운데 세상의 지배자 구실을 하는 이는 남편인 오시리스다. 그는 태양신 라에게서 신성한 지배권을 넘겨받아 파라오가 된다. 중요한 것은 그 일에 이시스가 결정적인 역할을 한다는 사실이다. 그녀는 남다른 지혜를 발휘해서 태양신 라의 비밀 이름을 알아냄으로써 그로 하여금 인간 세상에 대한 지배권을 내려놓도록 한다. 현실계 중심의 새로운 세계 질서를 이루어냄에 있어 이시스가 핵심적인 구실을 한 형국이다.

하지만 이시스의 자리는 어디까지나 보조자였다. 법을

제정하고 신을 모시는 것은 왕인 오시리스의 역할이었다. 이시스는 곡물의 씨앗을 모아 농사를 가르치는 등 많은 일을 해내지만, 그 자리는 남성적 지배 권력 앞에 취약한 것이었다. 세트가 교활한 모략으로 형인 오시리스를 죽이고 파라오 자리를 찬탈함과 동시에 이시스의 자리도 사라진다. 그녀는 한순간에 이역의 습지를 전전하는 피난자 신세가 되고 만다.

세트의 폭력은 가차 없는 것이었다. 그는 오시리스의 관을 아무도 모르는 곳에 내버림으로써 그가 장례를 통해 저승에 들어가는 일을 막는다. 현실계를 넘어서 우주의 질서를 훼손하는 폭거다. 이시스는 최악의 상황에서 역리逆理를 바로잡기 위해 나선다. 그녀는 우여곡절 끝에 나무 기둥에 갇힌 남편의 시신을 찾아내지만, 다시 잔혹한 폭력에 직면해야 했다. 이시스가 오시리스의 장례를 채 치르기 전에 세트가 그 시체를 조각내서 나일강에 버린 것이다. 강물 속에 흩어진 조각들을 수습해서 오시리스의 장례를 치르기까지 이시스는 더없이 험난한 고난을 겪어야 했다.

그것으로 끝이 아니었다. 허물어진 세계 질서를 회복하기 위해서는 또 다른 역경을 거쳐야 했다. 세트는 오시리스와 이시스 사이에서 태어난 아들 호루스를 죽이기 위한 공격에 나선다. 그 무자비한 공격에서 아들을 지켜내기 위한 이시스의 투쟁은 또 다른 가시밭길이었다. 결국 호루스는 세트를 죽여서 그 몸을 조각내는 데 성공하거니와, 그것은 8할 이상 이시스의 분투 덕분이었다 해도 지나치지 않다. 다르게 말하면, 실질적 역할을 이시스가 다 했지만 칼을 휘둘러서 원수를 갚은 영광은 아들인 호루스에게 돌아간 것이라고 표현할 수 있다. 단순화해서 말하면, '남편 보조'에 이은 '아들 보조'다. 동양의 삼종지도三從之道와 겹쳐지는 면모다.

돌이켜보면 남성들이 만들어낸 영욕이었다. 형인 오시리스를 죽이고 권력을 찬탈할 것도, 그 자식을 죽이려 한 것도 남성이었다. 권력을 향한 자기중심적 욕망의 폭주. 영혼이 저승에 들지 못하도록 시체를 조각내는 데서 보듯이, 그 칼날은 인정사정이 없다. 세트에 이어 호루스도 그 일을 하고 있으니 단순한 내 편 네 편의 문제가 아니다. 그렇게 생명은 훼손되고 세계 질서는 파괴된다. 어떻게든 이를 수습하고 바로잡기 위한 싸움에 나선 것은, 거친 역경 속에 그 일을 이루어낸 것은 이시스로 표상되는 여성이었다. 참을 수 없는 세상의 부조리함!

생각하면 슬픈 서사다. 상처로 점철되었을 슬픈 투쟁의 서사. 그 투쟁이야말로 진정 영웅적인 것이라고 말하는 것으로, 오시리스도 세트도 호루스도 아닌 이시스 그대가 진짜 영웅이고 신이라고 말하는 것으로 작은 위로나마 될 수 있을까? 아니, 말로는 턱도 없을 것이다. 행동으로 화답해야 한다. 늘 '내 안의 세트'를 제동하고 수습하는 내 곁의 이시스, 나의 아내에게. 또는 나의 딸들과 제자들에게.

바리데기의 투쟁, 누구를 위한 것이었나

눈을 돌려 우리 신화로 돌아오면 이시스와 겹쳐지는 여신들이 여럿이다. 당금애기와 바리데기, 감은장아기, 자청비, 청정각시, 여산부인, 명월부인, 막막부인…. 그 모두에게서 이시스의 모습을 본다. 생생하게 살아 있는 이시스를. 우리 민간 신화에서 여신의 존재성은 다른 어떤 나라 신화 이상으로 크다. 그 이야기들을 전승해온 실질적 주체가 여성이었다는 사실과 무관치 않으리라.

그들 가운데 딱 한 명을 든다면 바리데기 바리공주일 것이다. 이시스 이상의 이시스라고 표현할 만한 특별한 여신이다. 바리데기의 삶은 한순간의 쉼도 없는 투쟁의 연속이었다. 영웅적인 투쟁! 바리데기는 한국 신화의 대표적 여성 영웅으로 손꼽힌다. 말 그대로 '여성 영웅'이다. 남성 중심의 세상에서 여성에게 주어진 억압과 요구를 끝 간 데 없이 감당해야 했던 것이 그녀의 삶이었다.

바리가 수행한 가장 큰 과업은 저승에서 약수를 구해와서 죽어가는 아버지를 살린 일이었다. 그다음은 서천서역 저승에서 만난 남자의 요구를 받아들여 9년간 살림을 살면서 자식들을 낳아 키운 일이다. 아버지 살릴 약수를 구하기 위해서. 그런 그녀에게 학계에서 부여한 하나의 호칭은 '종속적 영웅'이다. 스스로 세상의 주역이 되는 대신 누군가를 위해 희생한 영웅이라는 뜻이다. 슬픈 호칭인 동시에 지극히 현실적인 호칭이다. 이시스와 비교해봐도 바리데기의 서사는 종속적이고 수동적인 것으로 그려지는 것이 사실이다.

바리는 한 나라의 공주였다. 아들을 원하던 나라에서 일곱째로 태어난 공주. 그는 딸이라는 이유로 태어나자마자 버려진다. 아버지에 의해서. 멀고 험한 땅에 버려진 채로 외로움과 고통의 날을 보내던 바리가 부모를 다시 만난 것은 아버지가 병으로 누워서 죽어갈 때였다. 바리를 찾아서 저승의 약수를 구해오면 살 수 있다는 신탁을 받은 부모가 내버린 딸을 되찾아온 것이었다. 처음 딸의 얼굴을 본 아버지는 울면서 이렇게 말한다. "너를 버린 죄로 나는 죽는다. 저승의 약수를 구해와야 한다는데 네가 어찌 그 일을 할 수가 있겠니." 가서 약수를 구해오라고 하는 명령보다 더 기막힌 말이다. 차라리 강한 모습으로 나오면 대들기라도 해보련만….

결국 바리는 저승을 향해 길을 떠난다. 부모가 나를 낳아준 것만으로도 큰 은혜라는 말과 함께. 그 떠남에 대해서 나는 늘 그것이 바리 스스로의 뜻에 의한 것임을 강조해왔다. 부모가 흘린 눈물이 진정한 사과였고 딸은 그것을 마음으로 받아들여 진정한 화해를 이룬 것이리라고 했다. 저승을 향하는 바리의 발걸음은 아버지를 살리기 위한 길인 동시에 자기 자신을 세우고 실현하는 몸짓이라고 의미를 부여하기도 했다. 저승에서 만난 남자와 결혼해서 자식을 낳아준 일까지도 자기 초극의 구원행으로 풀이했다. 바리는 그 순간 이미 자기 자신을 훌쩍 넘어서 있는 것이리라고 했다.

그 믿음은 지금도 다르지 않다. 바리는 부모에게 버림받아 혼자인 상태에서 끝없이 자기 자신과 싸웠던 사람이고, 그 싸움을 감당해서 이겨낸 사람이었다. 그 모든 삶의 과정이 자기를 찾고 실현하는 신성의 과정이었다. 약수를 찾아 저승으로 향하는 기나긴 여정은 더 말할 것도 없다. 그것은 죽어가는 아버지를 살리는 길인 동시에 훼손되어 허물어진 세상을 되살리는 과정이었다. 바리의 발걸음에 의해 궂은 지옥은 허물어지고, 죄인들은 극락으로 간다. 죽었던 아버지는 되살아나고, 저주받은 세상은 새로운 빛을 얻는다. 그렇게 바리는 자기를 실현하고 신이 된다. 세상의 큰 빛이.

바리데기의 삶의 역정에 대해 너무나 억울하고 화가 난다고 반응하는 많은 사람들이 있다. 자기를 버린 아버지를 위해 저승으로 가는 일이 이해가 안 되며, 약수를 구하기 위해 남자와 결혼해서 자식들을 낳아 키우는 선택이 너무나 비참하다고 한다. 그런 반응에 대해 나는 그것이 신화의 본령에 제대로 스며들지 못한 반응이라고 여기곤 했다. 저승으로 향하는 걸음걸음이, 또는 자식을 낳아 키운 그 일상이 신성의 과정이라고 설명했다. 하지만 오늘 나는 그러한 나의 판단과 설명이 정당한 것인지 돌아본다. 오시리스나 호루스의 입장에서, 또는 세트의 자리에서 이시스를 보는 것은 아닌가의 문제다. 과연 나의 그러한 설명에 대해 바리 여신은 무어라고 말할지… 과연 나는 궂은 일상을 오늘도 묵묵히 감당하고 있는 내 곁의 여신의 숨은 속마음의 끄트머리라도 닿고 있는 것인지….

약수를 구해와서 자신을 살린 딸에게 아비는 이렇게 말한다. "네가 나를 살렸구나. 무엇으로 보답을 할까? 금은보화를 줄까, 아니면 나라의 반을 떼어줄까?" 나의 한 제자는 바리데기 신화에서 이 대목이 제일 화난다고 했다. '보상'을 언급하는 마음자리 속에 딸은 여전히 하나의 도구로 사유되고 있음을 간취한 것이다. 나로서는 미처 생각지 못했던 핵심 서사다. 양지에 있는 이와 음지에 있는 이 사이의 아득한 거리감. 나라를 다 주는 것도 아니고 '반을 떼어서' 준다니….

다행히도 바리는 아버지의 제안을 받아들이지 않는다.

금은보화도 싫고 나라도 싫다고 딱 잘라서 말한다. 그러면서 스스로 제 갈 곳을 정한다. 그리고 그곳에서 신이 된다. 바리가 아버지에게 당당히 제 뜻을 밝힌 첫 장면이다. 실질적인 자기 삶의 시작점이기도 하다. 영원으로 이어질 진짜 삶의.

역설적인 것은 그가 선택한 곳이 어둡고 험한 땅 저승이라는 사실이다. 그는 저승에서 사람들의 넋을 인도하고 구원하는 오구신이 된다. 어떤 넋들인가 하면 지옥으로 떨어지게 될 험한 넋들의. 거기가 자기 있을 자리임을 알았기 때문이었겠지만, 바리에게 가장 잘 어울리는 곳이 그곳일 수 있겠지만, 그 선택은 숭고하면서도 아프다. 지금 이 순간도 지옥으로 빠질 영혼들을 구하기 위한 분투를 쉼 없이 계속해가고 있을 바리 여신께 한 명의 미력한 존재로서 감히 무어라 말할 수 있을까. 그 곁에 저승에서 만난 남자가, 그리고 그 사이에서 태어난 자식들이 함께한다는 사실에서 위안을 받을 따름이다.

참고로, 바리의 남편인 무장승(무상신선)은 저승으로 건너온 사람에게 길 값을 받으며 길 안내를 한다. 바리가 낳은 일곱 명의 자식은 저승 시왕이 되었다고 한다. 시왕은 어머니 신의 선한 뜻을 가히 거역하지 못할 것이다. 시왕이 부리는 저승차사들도 마찬가지다. 저승차사 강림도령이 용맹한 영웅이라지만 어찌 감히 바리와 견줄 수 있을까. 내가 생각하는 우리 신화 속 최고의 영웅은 단연 바리데기 바리공주다. 여성 영웅이 아닌 진짜 영웅!

여신 이시스와 바리데기를 넘어서

이시스와 바리데기는 신이다. 끝없는 투쟁의 과정을 거쳐서 빛이 된 존재. 그들이 자신을 세우는 과정은 세상을 살려내는 과정이기도 했다. 남성들이 독선과 욕망으로 망쳐놓은 세상은 그들에 의해 생명으로 되살아난다. 보이지 않는 곳에서 세상을 지키고 살리는 실질적인 주인공이자 참된 영웅이 그들이다.

돌아보면 이시스나 바리데기 외에 수많은 여신들이 음지에서 세상을 살린다. 삼신 당금애기와 조왕신 여산부인이 그렇고, 막막부인이나 명월부인이 그렇다. 이는 어쩔 수 없는 일인 것인지 헤아려본다. 여신은 그렇게 남성의 그림자 속에 있어야 하는 것일까? 바리데기 여신에게 가장 어울리는 곳은 진정 저승인 것일까? 여성이 '나'가 아닌 딸로서, 아내와 어머니로서 살아야 했던 긴 세월 동안 그 것은 어쩔 수 없는 선택이었을지 모른다. 신화의 주인공이라고 해도 그러한 현실을 벗어나서 존재할 수는 없는 것일지 모른다.

아니, 꼭 그렇지는 않다! 그 시절 그 상황에서도 사회의

벽과 부딪쳐 싸우면서 새 길을 냈던 이들이 있다. 그리스 신화의 경우 아탈란타에 앞서 아테나와 아르테미스Artemis가 있었다. 자신의 욕망에 거침없었던 아프로디테도 그렇게 길을 낸 것일 수 있다. 아폴론의 손길을 끝내 거부했던 다프네Daphne도. 우리 신화도 마찬가지다. 부모의 권력에 복종치 않고 제 길을 찾아낸 감은장아기가 있고, 넓은 세상으로 치고 나아가서 갖은 편견에 맞서 분투한 끝에 농사의 신 자리를 차지한 당당한 영웅 자청비가 있다.

차별과 억압의 벽이 없는 세상이란 없다. 인간의 숙명이다. 거기 맞서 싸워야 하는 것도! 우리 사는 지금 이 세상에도 보이지 않는 수많은 벽들이 있다. 그 벽은 어쩌면 과거보다도 더 강고한 면이 있다. 나의 딸들이 살아갈 세상에 더 이상 '여성 영웅'이라는 말이, 또는 '여신'이라는 말이 필요 없어지기를! 그냥 사람이고 영웅이며 신일 수 있기를! 과연 그런 날이 올지 확실치 않지만 다음 한 가지는 확실하다. 그 일은 저절로 이루어지지 않는다는 것. 그리고 그 일의 시작은 언제나 나 자신에게 있다는 것.

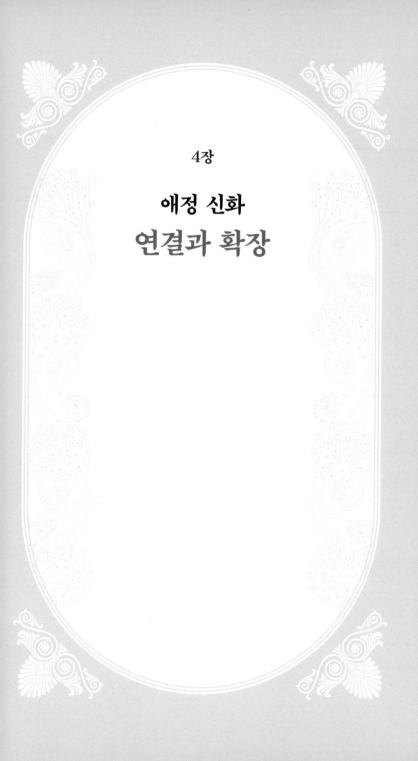

4장

애정 신화
연결과 확장

사랑, 더불어 하나 되기라는 신성한 과업

신화와 사랑 사이, 멀고도 가까운

감정을 표현하는 수많은 말 가운데 오늘날 가장 많이 쓰이는 것은 '사랑'일 것이다. 많은 이들이 사랑을 인생 최고의 가치로 여긴다. 사랑이 없는 세상을 가히 말하기 어려울 정도다.

하지만 사랑이라는 말이 쓰인 역사를 헤아려보면, 특히나 한국의 경우를 생각하면, 그 유래는 그리 깊고 넓다고 하기 어렵다. 한국에서 사랑이라는 말은 근대에 들어와 비로소 널리 쓰이기 시작했다. 그전에 '괴다'나 '다솜' 같은 말이 있었다지만 이들도 그리 널리 쓰인 것은 아니었다. 전통적인 남녀 관계에서 우리가 사랑이라고 표현하는 감정이 생생히 살아난 사례는 흔치 않다. 《운영전》이나 《춘향전》

같은 문학 작품에서 예외적 사례를 볼 수 있는 정도다.

'사랑love'의 개념은 서구에서 상대적으로 오래전부터 널리 사용돼 왔다. 일찍이 그리스 철학자 플라톤Platon이 사랑을 육체적 사랑, 도덕적 사랑, 정신적 사랑, 무조건적 사랑 등으로 단계적으로 유형화한 바 있다. 신화에서도 사랑은 중요한 화두였다. 그리스 로마 신화에는 아프로디테와 에로스 같은 '사랑의 신'이 중요한 자리를 차지하며, 사랑으로 인식되는 수많은 관계와 만나볼 수 있다.

하지만 신화에서 말하는 사랑은 실체가 모호한 것이 사실이다. 제우스와 여러 여신의 관계를, 또는 아폴론과 다프네, 에로스와 프시케의 관계를 사랑이라고 할 수 있을까? 거기서 우리가 실제로 보게 되는 것은 '욕망'이다. 무엇인가를 원하고 그것을 갖고자 하는. 서양과 동양을 막론하고, 신화에서 "이 사랑, 정말 아름답구나!" 하고 감복할 만한 관계를 만나기란 쉽지 않다. 남녀 관계 외에 부모와 자녀 같은 다른 인간관계에서도 마찬가지다. '사랑의 신화'는 후대의 관념이 투사된 하나의 허상일 수 있다.

오늘날 우리가 생각하는 사랑을 신화에 덧씌우는 것은 정도正道라고 하기 어렵다. 신화로부터 사랑이라고 지칭할 만한 원형적인 무엇을 찾아내는 것이 바른길이다. 그런 것이 실제로 있다면 말이다. 결론부터 말하자면, 그것은 있다. 존재와 존재 사이의 본원적 이끌림과 어울림이 '신성'

이라 말할 수 있는 형태로 구현될 때, 그를 통해 존재의 초극적 승화와 상생이 이루어질 때, 우리는 이를 사랑이라 부를 수 있을 것이다. 신화의 본래적인 화두다. 멀리 창조신화에서 원형을 볼 수 있는.

나, 모두인 동시에 아무도 아니었던

사랑은 '관계'와 관련되는 감정이다. 그것은 나와 너 사이에 성립된다. 이때 '너'는 이성일 수도 있고, 부모와 자녀, 친구일 수도 있으며, 동식물이나 자연, 사회일 수도 있다. 그리고 나 자신일 수도 있다. 내 안의 나, 또는 내 밖의 나.

관계는 존재의 분리로부터 시작된다. 세계의 여러 창조신화는 태초의 세계를 분리 이전의 원초적 통합의 상태로 이야기한다. 태초에 하늘과 땅은, 또는 땅과 바다는 둘이 아닌 하나였다. 거대한 한 몸으로 아득히 유동하는 태초의 알과 태초의 바다, 또는 천지혼합의 카오스. 그렇게 꿈틀대는 세계 속에 나와 너는, 주체와 대상은 따로 없었다. 존재는 모두인 동시에 누구도 아니었다. 까마득한 무의미의 세계….

그것은 우주적 형상인 동시에 나 자신의 모습이기도 하다. 하나의 생명으로서 형상을 갖기 이전의 나는 아득한 혼돈 속에서 모두인 동시에 누구도 아닌 상태로 무의미하게 부유했을 따름이다. 하나의 생명으로 화하면서 비로소 내 안에, 그리고 바깥에 하늘과 땅은 생겨난 것이었다. 어머니 자궁에서 나와 울음을 터뜨리는 순간 비로소 하늘과 땅이 열리면서 만물은 생겨난 것이었다. 삶이 시작되는, 관계가 시작되는 순간이다.

존재하는 일이란 관계하는 일이다. 부모 형제를 비롯한 수많은 사람들 외에 하늘과 땅 같은 대자연으로부터 눈에 안 보이는 미생물 바이러스까지 우리는 한순간도 쉴 없이 무수한 관계들 속을 움직인다. 그 관계는 기본적으로 양면성을 지닌다. 끝없는 부딪침과 밀어냄. 그리고 끝없는 다가감과 어울림. 부딪침은 하나의 개체로 분리된 모든 존재의 숙명이다. 그렇다면 이끌림과 다가감은? 그 또한 숙명일까?

그에 대한 신화의 답은 '그렇다'는 것이다. 한국의 창조 신화 〈창세가〉는 창조신이 분리된 하늘과 땅 사이에 구리 기둥을 세웠다고 하며, 중국 창조 신화는 반고가 발로 땅을 딛고 팔로 하늘을 떠받쳤다고 한다. 왜 그렇게 했느냐면 하늘과 땅이 다시 붙으려 했기 때문일 것이다. 그들이 다시 붙으려고 한 이유는? 본래 한 몸이었기 때문! 원상태로 돌아가고자 하는 것은 뭇 존재의 근원적인 움직임이다. 말 그대로 '신화적'인.

그렇게 세상 만유는, 우주는 역동한다. 하늘은 땅으로

간단없이 빛과 별 따위를 내리고, 땅은 하늘을 향해 생명을 키워 올린다. 바다는 땅을 향하고 땅은 바다를 향한다. 밤은 낮을 향해서 가고 낮은 밤을 향해 움직인다. 세상 모든 것은 그렇게 대상을 잡아당기며, 상대를 향하여 움직인다. 일컬어, 만유인력의 법칙! 생명을 가진 모든 것들도 물론 예외는 아니다. 본래 하나였다가 대극의 자리에 놓이게 된 남男과 여女는 더 말할 것도 없다. 그들의 잡아당김과 이끌림은 근원적이고도 역동적이다. 전시간적이며, 전방위적이다.

하늘과 땅 또는
남과 여의 우주적 결합

태초의 혼돈으로부터 처음에 무엇이 생겨났는지에 대한 전언은 신화에 따라 조금씩 다르다. 하지만 갈라져 마주 서게 된 존재의 대표적 표상으로는 대개 하늘과 땅을 들 수 있다. 맑고 가볍고 높은 것과 탁하고 무겁고 낮은 것. 하늘과 땅은 완연히 이질적 속성을 지닌 대극의 존재이지만, 세계의 많은 창조 신화는 둘의 다가감과 결합을 말한다. 방금 말한바 근원적 이끌림이다.

먼저 그리스 신화. 대지의 신인 가이아와 하늘신 우라노스의 관계는 단순치 않다. 가이아가 우라노스를 낳았다고 하는데, 둘의 관계는 모자간과는 다르다. 둘은 어머니신과 아버지신으로 인식되며, 서로 깊은 관계를 맺는 것으로 말해진다. 신화에 의하면 우라노스가 수시로 가이아를 찾아와 동침했다고 한다. 그 동침은 물론 하늘과 땅의 우주적 결합을 표상한다. 밤이 되면 하늘과 땅의 분간이 없어지거니와 이를 둘의 결합으로 표현했을 가능성이 크다. 드러나 보이기로는 서로 분리돼 있으나 보이지 않는 곳에서 짝을 이루는 하늘과 땅, 또는 여신과 남신. 그 결합은 본래 하나였던 상태의 지향이자 구현이었을 것이다.

이집트 신화가 말하는 하늘과 땅의 결합에 대한 서사도 무척 인상적이다. 어둡고 고요한 흐름의 상태였던 태초의 혼융에서 태양신 라의 작용에 의해 해가 떠오르고 바람과 비가 생겨나며, 바람과 비 사이에서 하늘신 누트와 땅의 신 게브가 탄생한다. 하늘신이 여신이고 땅의 신이 남신인 점이 눈길을 끈다. 대극의 존재이자 쌍둥이였던 누트와 게브는 서로를 향해 몸을 뻗치면서 결합을 이룬다. 이집트 벽화에서 그 형상이 꽤나 에로틱한 남성과 여성의 모습으로 표현돼 있는 점이 인상적이다. 천지의 우주적 결합과 남녀의 생명적 결합이 질적으로 다르지 않음을 잘 보여주는 면모가 된다. 신화적 섭리로서의 만유인력의 원리다. 좀 더 특화해서 표현하면, '대극 간 상호 유인의 원리'라 해도 좋겠다.

대극의 존재로서 하늘과 땅, 또는 남과 여의 결합은 한국 창세 신화에서도 인상적 사례를 볼 수 있다. 한국 신화 속 최초의 결합이라고 할 천지왕과 총명부인 박이왕의 결연이 그것이다. 인간 세상의 혼란을 제어하려고 내려왔던 하늘신 천지왕은 인가에서 유숙하다가 지상의 여인 총명부인에게 이끌려 인연을 맺는다. 옥빗으로 머리를 빗는 소리에 반했다고 하니 꽤나 낭만적이다. 총명부인은 뒤에 땅의 신 박이왕이 되거니와, 본래부터 땅의 생명성을 대변하는 존재였다고 봄이 옳다. 〈단군신화〉 속 환웅과 웅녀의 결합과도 의미가 통하는, 하늘-남성과 땅-여성의 우주적 결합이다. 한국 신화에서 본래 하늘과 땅은 서로 붙거나 뒤섞여서 하나였었다고 하니, 그 결합은 태초의 원상태로 향하는 본원적 몸짓임에 틀림이 없다.

세계 여러 창조 신화에서 말하는바 하늘과 땅, 또는 남과 여 사이의 결합은 이처럼 만유의 본원적 속성과 연결돼 있다. 단순화해서 말하면, 운명적으로 반쪽이 되어버린 존재가 잃어버린 반쪽을 찾아내 온쪽이 되고자 하는 역동이다. 결핍을 충족으로 채우고자 하는, 불완전함을 완전함으로 바꾸고자 하는 존재적 몸짓. 거기서 우리는 '사랑'의 신화적 원형을 보게 된다. 게브와 누트가 금슬이 좋아서 떨어지지 않으려 했다거나 천지왕이 박이왕의 머리 빗는 소리에 반했다는 등의 내용은 우리가 일반적으로 생각하는 사랑과 비교해도 위화감이 크지 않다.

사랑의 원형으로서 본원적 지향에서 놓치지 말아야 할 바는 그 결합의 결과다. 창조 신화에서 하늘과 땅, 또는 남과 여의 결합은 일시적이다. 둘은 한 몸인 상태로 머물지 않으며, 다시 각각으로 분리된다. 하지만 그것은 단순한 환원이 아니다. 둘의 결합은 '자녀'로 표현되는 신령한 생명의 탄생으로 이어진다. 가이아와 우라노스 사이에서 오케아노스Okeanos와 레아Rhea, 크로노스 등 수많은 신들이 탄생하며, 누트와 게브는 오시리스와 이시스, 세트 등 다섯 자식을 낳는다. 그리고 천지왕과 박이왕 사이에서는 대별왕·소별왕 형제가 태어난다. 각기 저승과 이승을 맡게 된 신이다. 잘 알듯이, 환웅과 웅녀 사이에서는 건국 시조 단군이 태어난다.

하늘과 땅은, 또는 아버지와 어머니는 각자의 자리에서 움직이지만, 자식들은 다르다. 그들 안에는 하늘과 땅이, 아버지와 어머니가 함께 있다. 그들이 다시 남과 여, 아버지·어머니가 되어서 낳을 새로운 생명 또한 마찬가지다. 그렇게 세상 만유는 분리된 동시에 연결된다. 세상은 끝없는 단절 속에서 끊김 없이 영속한다. 세계를 움직여가는 본원적인 에너지로서의 '사랑'의 힘이다. 사랑이 없으면, 이 세상은 존재할 수 없다.

충족을 향한 본원적 지향, 그러나

세상 만물은, 생명을 가진 모든 것들은 자신과 짝을 이룰 대상을 찾아서 움직인다. 그 바탕에는 원형적 결여가 있다. 스스로 완전하지 못한 반쪽짜리 존재로서의 특징이다. 다른 반쪽을 찾아서 부족함을 채우기 위한 그 본원적인 지향에 대하여 그것을 두루 사랑이라 할 수 있는가 하면, 이는 간단치 않다. 엄밀히 말하면, 사랑은 그중 극히 일부일 따름이다. 그렇다면 그 지향 전체에 해당하는 것은? 답은 바로 '욕망'이다.

앞서 가이아와 우라노스 등의 결합에 대해 사랑의 원형을 말했지만, 그것이 곧 사랑인지에 대해서는 단언하기는 어렵다. 게브와 누트, 천지왕과 박이왕에서 상호 교감의 합일과 만나볼 수 있지만, 가이아와 우라노스의 서사에서 부각돼 있는 것은 그보다는 본능적인 욕망 쪽에 가깝다. 자신의 갈망을 채우기 위한 일방적이고 독점적인 욕망. 우라노스의 그런 집착은 가이아의 반발을 사게 되고, 결국 우라노스는 가이아의 지원 속에 크로노스에 의해 거세를 당한다. 문화사적으로 보면 세계 체계의 갱신 과정이라고 해석될 수 있거니와, 사랑이라는 화두를 놓고서 말하자면 왜곡된 집착적 사랑의 비극적 말로에 해당한다. 사랑이 욕망에 의해 질식된 형국이다. 오늘날 수많은 인간관계에서 보는 '사랑 아닌 사랑'의 원형적 표상이다.

상대를 일방적으로 대상화하는 소유적 욕망은 '권력'이
나 '술수'와 결합될 때 더욱 심각한 문제를 낳는다. 수메르
신화나 그리스 신화, 북유럽 신화 등에서 단적인 사례들
을 여럿 만나볼 수 있다. 신화들 속의 힘 있는 신들은 그리
자상하지 않다. 상대에 대한 배려는 그들의 것이 아니다.
그들은 원하는 것을 가지기 위해서 수단과 방법을 가리지
않는다. 길가메시는 권력으로써 여성을 취하고, 로키는 술
수로써 원하는 이를 취한다. 그들에게 여성은 대상일 따름
이다. 사랑이 아닌 욕망과 소유의 대상! 그렇게 이루어진
결핍의 충족은 온전한 것이 될 수 없다. 그것은 하나의 폭
력일 뿐이다. 더 큰 결여와 불화를 만들어내는.

여성을 대상으로 삼는 남성신 가운데 최악의 존재로 제
우스를 들지 않을 수 없다. 이 절대적 최고신은 막강한 권
력과 교묘한 술수를 전방위적으로 동원해서 여신들을, 그
리고 인간 여인들을 짝으로 취한다. 제우스가 취했던, 또
는 취하고자 시도했던 여인은 목록을 이루 나열할 수 없
을 정도다. 이름이 알려진 이들만 쉰아홉 명이라니 상상을
뛰어넘는다. 그를 위해 동원한 권능과 술수는 또 얼마나
지독했는지 모른다.

제우스의 행각에 대해서는 인간 욕망의 야생적 본성을
가감 없이 드러내는 형상이라고 하는 신화적 해석이 가능
하다. 그것이 단순한 문학적 과장이 아니라 인간의 내적

진실을 반영한 서사라는 점은 서늘함과 두려움을 전한다. 욕망하는 것을 어떻게든 가지고 누리고자 하는 마음에서 자유로운 이 얼마나 있을까. 나 자신 안에 제우스의 서사가 도사리고 있음을 부정할 수 없기에 문득 오싹해진다.

진정한 동반의 길과 사랑

신화에서든 현실에서든, 사랑과 욕망의 경계를 가늠하기란 쉬운 일이 아니다. 우리가 사랑이라고 보는 관계가 실은 욕망에 불과할 수 있고, 욕망이라고 치부하는 행위 속에 사랑이 담겨 있을 수 있다. 불완전한 결여의 존재로서 인간의 일이란 참으로 복잡하고도 난해하다.

사랑에 대해 이렇다 저렇다 말하는 것은 무척 어려운 일이지만, 한 가지 분명한 바는 원하는 것을 가지면 결여가 충족되리라는 기대는 착각일 뿐이라는 사실이다. 욕망은 한도가 없는 법. 욕망은 또 다른 욕망을 낳고, 작은 충족은 더 큰 결여를 낳는다. 그렇게 이어지는 욕망의 폭주는 심각한 관계적 갈등과 어긋남을 낳는다. 그것은 사랑이 아니라 그 적敵일 따름이다. 그렇게 해서는 존재적 불균형과 부조화가 더욱 커질 뿐이다.

오해를 바로잡자면, 인간은 단순한 '반쪽'이 아니다. 우리는 불구적 결여의 존재가 아니다. 독립적 개체로서의 인간은 불완전한 동시에 완전하다. 스스로 완전함을 이루어 나갈 때 비로소 충족은 가능하다. 관계를 단절하고 고립적 자족을 이루어야 한다는 뜻은 아니다. 관계 맺음은 세상 만유의 본래적이고 신성한 과업이다. 스스로의 불완전한 완전함을 추구하는 한편 타자의 불완전한 완전함과 접속하면서 서로 어울려 초극적 합치를 이루어나가는 것이 우리가 나아갈 길이다. 더 크고 의미 있는 완전함을 향한, 생명적 확장과 영원성을 향한 그 합치의 과정이 곧 '사랑'이라고 할 수 있다. 신화적인.

신화적 사랑의 과업을 이룸에 있어 '가지는 것'보다 더 중요한 일은 '여는 것'이다. 내 안에 갇히지 않고 나를 엶으로써 더 큰 나, 본원적인 나로 나아갈 수 있다. 하늘을 향해 연 땅과 땅을 향해 연 하늘. 여성을 향해 연 남성과 남성을 향해 연 여성. 아름답지 않은가! 아니, 남성과 여성보다 사람과 사람이 더 어울린다. 사람을 향해 연 사람과 사람을 향해 연 사람이 이루어내는 본원적인 접속과 연결. 인간이 이루어낼 수 있는 가장 아름다운 무엇이다. 쉽지 않은. 그러므로 더 고귀하고 신령한.

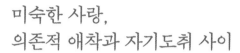

미숙한 사랑,
의존적 애착과 자기도취 사이

사랑이라는 영원한 난제

세상에 쉬운 일이 무엇이 있겠냐만, 사랑을 아름답게 성취한다는 것만큼 어려운 일도 드물 것이다. 서로 다른 정체성과 내력을 가지고 있는 타인과 심리적·서사적 합치를 이루는 데는 수많은 걸림돌이 있다. 작은 차이 하나가 커다란 어긋남을 낳곤 한다. 몸과 마음을 열고서 상대를 받아들이면 된다고 하지만, 그 여는 일이 힘들다는 데 문제가 있다. 상대를 나에게로 끌어당기려고 하는 것은 진정한 엶이라 할 수 없다. 나의 결핍을 채우기 위한 끌어당김은 집착이 되고 폭력이 될 수 있다. 그와 반대로, 배타적 자기애나 자기만족에 의한 가르기와 밀쳐냄 또한 상대에게 큰폭력이 되고 상처를 낳을 수 있다.

사랑은 성숙의 과정이다. 사람들은 사랑을 통해 작은 나에서 큰 나로 커가면서 존재를 확장해갈 수 있다. 만약 사랑이라는 이름으로 오히려 작은 나로 퇴행한다면, 그것은 사랑일 수 없다. 그것은 '반_半사랑'을 넘어서 '반_反사랑'이 될 가능성이 크다. 그럼에도 우리는 너무나 자주 그 함정에 빠진다. 인간은 불완전한 존재이고 그 사랑은 미숙할 수 있지만, 그 미숙함이 성숙이 아닌 퇴행의 방향으로 고착되면 그것은 죽음을 낳는 병이 될 수 있다.

신화에는 남다른 자질과 능력으로 고귀한 성취를 이룬 사연만 있는 것이 아니다. 함정에 빠져 쓰라린 실패로 나아간 사연들도 있다. 일컬어 비극의 신화다. 그 비극은 많은 경우 사랑을 둘러싸고 발생한다. 다프네에 대한 아폴론의 일방적 집착이 불러온 비극이나, 아프로디테와 에로스, 프시케 사이의 위험한 줄다리기 등이 떠오르거니와 이제 살펴보려는 것은 오이디푸스와 나르키소스의 서사다.

오이디푸스와 나르키소스의 캐릭터와 인생 역정은 꽤나 이질적으로 보이지만, 그들에게는 공통점이 있다. 비극적인 사랑과 좌절이라는 유사한 행로가 눈에 띄거니와, 그 안쪽에 숨어 있는 질적 공통성을 더 주목하게 된다. 불의에 아버지를 죽이고 어머니와 결혼한 뒤 스스로 제 눈을 찌른 오이디푸스. 수많은 구애를 다 물리치고 물속에 비친 제 그림자만 바라보다가 스스로 목숨을 끊은 나르키소스.

둘 사이에는 어떤 내적 공통점이 있는 것일까? 그리고 그들의 사연은 어떻게 우리의 자기서사로 연결되는 것일까?

오이디푸스와 애착의 폭력

그리스 신화에 비극적 주인공들이 꽤 많지만 오이디푸스는 그 가운데도 첫손에 꼽힌다. 출생부터가 험한 저주였다. 제 아버지를 죽이고 어머니와 결혼할 운명을 지닌 아이. 오이디푸스는 그 가혹한 신탁을 벗어나보려고 발버둥치지만 신들은 그를 그냥 두지 않는다. 그의 몸부림은 운명의 수렁으로 빠져드는 걸음일 따름이었다. 일컬어 운명의 장난! 하지만 이를 운명으로 돌리는 것은, 또는 신들의 장난으로 치부하는 것은 서사적인 해석이 아니다.

오이디푸스는 왕의 아들이었다. 어떤 왕이냐면 극히 권위적이고 자기중심적이며 폭력적인 왕의. 테베의 왕이었던 라이오스Laius는 새로 태어난 아들이 자기를 위협하게 되리라는 예언에 갓난아이 발에 못질을 해서 험산에 내다버린다. 자식의 존재성을 인정하지 않고 귀찮은 걸림돌로 취급하는 행위다. 출발부터 존재가 훼손돼버린 아이는 정상적으로 걸음을 걸어나갈 수 없다. '부풀어 오른 발'이라는 뜻의 오이디푸스라는 이름은 그의 자기 정체성을 대변한다.

아버지의 못질이나 내버림은 심리적 상징으로 해석할 수 있다. 자식에 대한 무참한 공격과 외면. 아버지가 자기 권위와 입지를 위해 자식을 외면하는 일은 현실에서 드물지 않다. 문제는 그러한 억압이 트라우마를 낳는다는 사실이다. 겉으로 보이지 않는 심각한 트라우마다. 아버지에게 사랑 대신 저버림을 경험한 오이디푸스는 '사랑받고 싶은 아이'로서의 자기를 마음속에 가두어 숨기게 된다. 그렇게 그는 내면에서 영원한 어린아이 상태로 남는다. 부모의 따뜻한 품이 너무나 그리운, 결핍과 갈망으로 가득한 상처받은 아이. 그 갈망은 아버지의 대척점에 있는 어머니에게로 향한다. 모성에 대한 오이디푸스의 강한 집착은 그렇게 형성되었다고 봐야 한다. 운명이 아닌 관계의 문제로서.

신화는 그가 친부모에게서 버림받은 뒤 코린토스시의 왕과 왕비 폴리보스Polybus와 메로페Merope에게 거두어졌다고 말하며, 그 아들로서 문제없이 성장한 것처럼 서술한다. 역사적 관점이 아닌 서사적 관점에서 이는 심리적 은유로 볼 수 있다. 오이디푸스가 내면의 결핍과 갈망을 억누른 채 '순종하는 아들'이 되어서 부모의 틀에 맞춘 삶을 살았다는 것이다. 가짜 아버지와 어머니 아래에서의 가짜의 삶이다. 그렇게 그는 훌륭한 청년으로 성장한 듯했으나 이는 겉모습일 따름이었다. 그의 내면 깊은 곳에는 근원적인 애정 결핍의 자아가, 상처받은 내면 아이가 도사리고 있었던 것이다. 그 자아는 어느 땐가 모습을 드러내게 되어 있다. 억압의 크기에 비례하는 강하고 험한 모습으로.

이야기에서 오이디푸스가 어느 날 좁은 외길에서 라이오스와 정면으로 부딪치는 장면은 바로 그 노출의 지점이 된다. 아버지만큼 몸이 자라고 힘이 커진 아들은 자기에게 다시 폭력을 행사하려는 아버지 앞에서 더 이상 참지 않는다. 오래 숨겨왔던 본모습을 드러낸다. 단매에 아버지를 쳐서 죽이는 아들. "봐! 이게 나라고!" 그렇게 아들은 아버지를 죽이고서 그 대신 왕이 된다. 오랫동안 억눌렸던 내적 존재성의 역전적 발현이다. 왕의 아내를 빼앗아서 남편이 되고 나아가 아버지가 된 오이디푸스는 더 이상 신음하는 어린아이가 아니다.

아니, 그렇지 않다! 한 여자와 결혼해서 자식을 낳았음에도 오이디푸스는 여전히 어린아이였다. 그 서사적 상징이 무엇이냐면 '엄마와의 결혼'이다. 그는 인생의 짝으로 맞은 여성에게서 사실은 '어머니'를 찾았던 것이라고 할 수 있다. 언제라도 무조건적으로 자신을 품어주는 따뜻한 모성에 대한 집착! 이야기는 오이디푸스가 생모인 줄 모른 채로 이오카스테Iocaste와 결혼했다고 하지만, 그녀가 제 어머니뻘의 여인이었던 것은 변함없는 사실이다. 모름지기 이오카스테의 품속에서 그는 한 명의 '아기'였을 것이다. 구순적口脣的 욕망에 사로잡혀 있는.

그 결과가 무엇인가 하면 역병으로 표현된 저주였다. 표면적으로 보면 아들이 어머니와 결혼한 패륜에 대한 천벌이겠지만, 상징적 맥락으로 풀이하면 남자와 여자가 동등한 인간적 상호 존중의 관계를 이루지 못하고 의존적 애착이라는 병증病症에 갇혀버린 상태의 서사적 은유가 된다. 그러한 퇴행退行을 통해 삶이 앞으로 나아가지 못하는 것은 당연한 일이다. 그렇게 오이디푸스의 세상은 (심리적인) 역병이라는 검은 그림자에 갇힌 것이었다.

그 진실에 직면한 오이디푸스는 처참히 절망하고 좌절하거니와, 그 비극은 사실 스스로 키운 것이라 할 수 있다. 내면 깊은 곳에서 여전히 유아로 남아 네 발로 기고 있었던 그는 두 발의 삶을 감당하지 못한 채 타력에 의존하는 세 발의 존재로 전락한 것이었다. 스핑크스가 냈던 수수께끼는 바로 그 자신의 삶의 진실이었던 셈이다. 모성에 대한 퇴행적 집착으로 이어진 결핍과 갈망의 삶… '부풀어 오른 발' 오이디푸스는 끝내 완전할 수 없었던 존재라 해도 좋겠다. 왜냐하면 스스로 늘 반쪽이었으므로.

이는 멀리 딴 세상의 이야기가 아니다. 한국 신화를 대충만 훑어봐도 모성에 집착하는 의존적 퇴행의 인물이 수두룩하다. 명월각시에게 늘 어린아이였던 궁산이, 여산부인의 곁을 떠난 뒤 노일저대의 품에서 아기 노릇을 한 남선비, 황우양씨나 강림도령 같은 영웅적 인물에게서도 아내에 대한 유아적 의존은 어김없이 나타난다. 어쩌면 그것은 한국 남성들의 하나의 원형적 형상이라고 말할 수 있을 정도다. 민담 속의 나무꾼이나 우렁남편 등에서도 볼 수 있는 바의. 아내에게서 따뜻한 모성적 포용과 보살핌을 기대하는 나. 내가 곧 오이디푸스이고 궁산이다. 반쪽짜리의.

덧붙이자면 이는 남성만의 문제가 아니다. 외적으로는 성인이 됐으나 실제로는 어린 딸로 머물러 있는 많은 여성들이 있다. 오이디푸스의 딸이었던 안티고네만 하더라도 아버지의 그늘과 오빠들이라는 굴레에서 벗어나지 못한 채 슬픈 어린아이의 삶을 살다가 자멸하고 만다. 아버지 아가멤논의 그림자에 휩싸인 결과로 '엄마 죽이기'에 나섰던, 끝내 제 삶을 살지 못했던 비극적 주인공 엘렉트라Electra도 또 다른 사례가 된다. 스스로는 사랑하는 아버지를 위해 도리를 다했다고 할지 모르지만, 그것이 진정한 사랑일 수는 없다. 스스로 온전해지고 행복할 수 있어야, 더불어 온전해지고 행복할 수 있어야 사랑이 아니겠는가 말이다.

나르키소스와 유아적 자기애의 함정

오이디푸스가 타인과의 관계에 집착한 인물이라면 그리스 신화의 다른 주인공 나르키소스는 관계로부터 자유롭고

자 했던 인물이다. 기꺼이 함께할 만한 사랑의 관계를 나르키소스는 굳이 거부한다. 그리고 자기 자신의 삶을 산다. '나만의 삶'을….

타인과의 얽힘을 거부하고 자기 삶에 충실했다는 점에서 나르키소스의 삶은 독립적이고 자주적인 것으로 보이기도 한다. 하지만 그의 선택 역시 결핍과 상처에 의한 것일 가능성이 크다. 그가 강물에 비친 자기 모습에 도취한 결과가 결국 스스로 목숨을 끊는 일이었다는 사실은 그에게 심대한 문제가 내재했음을 단적으로 말해준다. 그 또한 심리적 문제였을 것이다. 문학치료식으로 말하면 서사적 문제다.

신화에 의하면 나르키소스는 강물의 요정 리리오페 Liriope가 케피소스강의 홍수에 휘말린 후 낳은 아들이라고 한다. 요정의 아들이어서인지, 나르키소스는 무척이나 용모가 아름다웠다. 강한 자존감의 바탕이 되었을 요소다. 세상에 나만한 사람은 없다고 하는. 추측건대 그런 심리는 어머니에 의해 조장됐을 가능성이 크다. 홀로 아들을 키운 어머니 리리오페는 늘 그를 걱정하며 노심초사했다고 한다. 모름지기 그녀에게 아들은 세상에 둘도 없는 귀한 존재였을 것이다. "사랑하는 아들! 네가 최고야. 세상에 너하고 견줄 만한 것은 없어." 이런 식으로 키우지 않았을까?

이렇게 보는 데는 근거가 있다. 나르키소스는 강물에 비쳐진 제 모습을 보고 도취했다고 한다. 강물이 누군가 하면 바로 나르키소스의 어머니다. 그러니까 강물에 비춰진 그의 모습은 어머니에 의해 만들어진 모습인 셈이다. 세상에 둘도 없는, 누구와도 비할 바 없는 나! 문제는 그것이 실체가 아닌 '그림자'라는 사실이다. 나르키소스는 자신이 사랑해 마지않았던 대상이 실은 그림자에 불과하다는 사실을 깨닫고 절망하며 좌절한다. 그 상태로 어른이 되어서 다시 돌이키기에는 늦어버린 상황에서.

요컨대 나르키소스는 오이디푸스와 마찬가지로 한 명의 '어른아이'였다고 볼 수 있다. 오이디푸스가 애정 결핍에 의해 어린아이로 머물렀다면 나르키소스는 애정 과다로 인해 그렇게 된 경우다. 부모의 지나친 애착과 보호가 자식을 어린아이로 머물게 한다는 것, 어김없는 진실이다. 그런 사례는 우리 사는 세상에 또 얼마나 많은지!

엄마라는 품에서 과도한 자기 충족감으로 지내온 나르키소스에게 그 틀을 벗어난 관계 맺기는 어려운 일이었다. 나르키소스가 구애를 거절했던 요정의 이름은 '에코Echo'였다. 일컬어 메아리. 1차적 관계와 자기애에 갇혀 있는 나르키소스에게 세상의 다른 존재는 실체가 될 수 없었다. 그들의 목소리는 허공에 흩어지는 메아리일 따름이었다. 단지 남녀 관계만이 아니다. 나르키소스에게 구애했던 또 다른 사람은 동성의 친구 아메이니아스Ameinias였다. 나르키소스는 이 또한 냉정히 밀치거니와, 이는 친구와의 관계 형성 실패를 상징하는 사건으로 볼 수 있다. 자기애에 함몰된 어린아이였던 나르키소스는 성숙된 동반자적 상생의 관계로 한 발짝도 나아가지 못한 것이었다. 그 결과가 무엇인가 하면 고독과 우울 속의 자멸이다. 원인을 따지자면 엄마의 탓이라 할지 모르지만, 그 품에 안온히 머무른 선택은 본인의 것이었으니 책임을 면할 수는 없는 노릇이다.

자기애自己愛는 사랑의 시작이자 동력이다. 자기를 사랑하지 못하는 사람이 타인을 사랑하기는 어렵다. 문제는 그것이 외적으로 확장되지 못하고 자기 안에 갇혀버리는 경우다. 내가 최고이고 내가 우선인 사람. 또 하나의 유아적 퇴행이다. 그 서사의 길에 타자와의 호혜적 관계는, 진정한 사랑은 있을 수 없다. 어두운 그림자와 허튼 메아리가 있을 따름이다.

어떤 강연자가 '자연인'을 꿈꾸는 한국 남자의 내면에 사랑받음에 대한 욕망이 숨어 있다고 말하는 것을 보았다. 텔레비전 프로그램 〈나는 자연인이다〉의 팬이기도 한 나 자신을 스스로 돌아보며, 거기 인정 욕구와 회피의 심리가 맞물려 있음을 깨닫는다. 자기만족을 추구하는 몸짓이 가르기가 되고 갇힘이 될 때 그 서사의 길은 나르키소스의 전례를 따르게 될 수 있다. 진정으로 나 자신을 사랑하고자 한다면 길을 바꾸어야 하리라. 먼 산을 바라보기에 앞서서, 옆에 있는 사람의 눈을 바라보기!

작은 나를 넘어서 큰 나로

문학치료학에서는 자녀 서사에서 남녀 서사로의 이행을 중요한 서사적 과제로 여긴다. 부모에게 종속된 존재에서 벗어나 한 명의 나로서 독자적 선택을 하고 관계를 이루어 나가는 일의 중요성이다. '독립'의 과제인데, 문제는 그 일이 생각보다 쉽지 않다는 데 있다. 외적으로는 나이를 먹었으나 내적으로는 어린아이인, 자녀 서사에 갇혀 있는 사람들이 수두룩하다. 물경 '어른아이들의 세상'이라 해도 지나치지 않다.

물리적 성장은 시간이 흐르면 자연스레 이루어지지만 서사의 성장은 그렇지 않다. 누군가를 제대로 사랑할 수 있는 사람이 되려면 스스로를 성찰하면서 자기 안의 어린아이와 싸워나가야 한다. 그것은 단지 젊은 사람들의 일만이 아니다. 나이와 무관한 평생의 서사적 과제다. 흔히들 "나이를 먹으면 아이가 된다"고 하거니와, 인생의 노년기로 접어드는 시점에서 그것이 남 얘기가 아님을 실감한다. 내 안의 오이디푸스와 나르키소스가 나를 자꾸 뒤로 잡아당기려 하는 중이다.

중요한 것은 결과가 아니라 과정이다. 계속해서 움직이

지 않으면 머물러서 상하게 된다. 여전히 미숙한 나의 사랑을 온전한 것으로 바꿔가기 위해 지금 무엇을 해야 하는지 돌아본다. 일단 '두 발'로 착착 걸어나가야 하리라. 그러려면 건강해야 하고, 운동이 필요하다. 몸과 마음의 운동, 또는 서사의 운동이. 지금까지 서사의 운동을 한 셈이니, 잠시 밖으로 나가서 몸을 움직여야겠다. '큰 나'가 늘 기다리고 있는 그곳으로 나아가서.

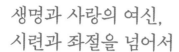

생명과 사랑의 여신,
시련과 좌절을 넘어서

대지와 농경의 신,
생명과 사랑의 존재

세계의 모든 신화에서 하늘과 땅, 바다와 산 같은 대자연을 표상하는 신들은 특별한 위치를 점한다. 그들은 가장 오래된 신인 동시에 늘 그곳에 있는 영원불멸의 존재다. 인간을 포함한 세상 만물은 언제든 그 너른 품속에서 움직이기 마련이다. 생로병사와 희로애락, 수많은 우여곡절도 그들의 손길 안에 있다.

대자연은 불변의 존재가 아니다. 그것은 하나의 큰 생명으로서 늘 변화하는 과정 속에 있다. 오늘 보는 하늘과 바다는 어제의 하늘과 바다가 아니다. 우리가 발을 디디고 있는 대지는 더 말할 것도 없다. 춘하추동 사계절의 대지는, 여름과 겨울의 땅은 얼마나 다른 것인지! 대지가 하나의 큰 생명이라 할 때, 거기에는 우리가 미처 헤아리지 못하는 크나큰 희로애락이 깃들어 있다. 사랑과 기쁨이 샘솟는 푸른 대지와 피로와 슬픔으로 숨을 멈춘 검은 대지, 죽음의 상태에서 불현듯 되살아나 다시 숨을 내쉬고 들이쉬는 대지…. 하나의 크나큰 생명적 과정이다.

흥미로운 것은 세계의 많은 신화가 대지의 신을 남신이 아닌 여신으로 사유한다는 사실이다. 한국 신화 속 농경신 자청비가 그렇거니와, 세계 신화로 보면 그리스의 가이아와 데메테르를 대표적 사례로 들 수 있다. 모녀 관계인 둘을 비교하면 어머니인 가이아가 태초의 원시적 대지에 해당하는 데 비해 딸인 데메테르는 농경 문화가 성립되면서 사람들의 삶의 터로 거듭난 대지를 나타낸다고 볼 수 있다. 가이아와 달리 데메테르가 대지의 신인 동시에 곡물과 수확의 신 구실을 하는 것은 자연스러운 일이다.

대지의 여신 데메테르는 사랑이 넘치는 자비로운 신으로 여겨져왔다. 이는 농경지가 사람들에게 베푸는 크나큰 은혜와 관련된다. 대지가 전해주는 풍요로운 결실보다 더 큰 사랑이 어디 있을까. 신화 외에 농요農謠 같은 데서도 농사와 사랑은 깊은 연관성을 지니거니와, 농사일을 조금이라도 아는 사람이라면 자연스레 고개를 끄덕일 것이다. 씨에서 싹이 터서 알곡을 맺거나 땅속에 감자와 고구마가 커가는 일은, 또는 나뭇가지에 탐스러운 열매가 맺히는 일은 사랑 그 자체다. 그러니 사랑의 신!

페르세포네와 생명적 순환의 섭리

신화는 대지와 여신 데메테르에게 페르세포네라는 딸이 있었다고 한다. 제우스와 인연을 이루어 낳은, 더없이 아름다운 여인이었다. 페르세포네는 꽃과 식물의 여신으로 인식되거니와, 데메테르의 딸에 꼭 어울리는 신직이다. 대지에서 자라나 꽃을 피우고 열매를 맺는 식물, 특히 화초와 곡식, 과수 같은 농경물을 상징하는 신격이 곧 페르세포네다. 세상에 그보다 더 사랑스럽고 아름다운 것이 있을까. 어머니인 대지에게, 그리고 농부들에게 페르세포네는 더할 나위 없이 아름답고 소중한 자식일 수밖에 없다. 하늘의 신인 동시에 기후의 신으로서 대지의 신 데메테르와 교감하여 페르세포네를 낳은 제우스에게도 또한 그러했을 것이다.

문제는 그 아름다운 생명이 영속할 수 없다는 사실이다. 화무십일홍! 꽃은 피면 곧 지기 마련이며, 푸른 잎새는 언젠가부터 누렇게 변하기 시작하여 떨어지게 돼 있다. 밀과 보리와 옥수수, 감자와 고구마와 콩의 푸른 줄기는 때가 되면 검게 변하면서 이운다. 아름답고 소중한 페르세포네는 전락과 죽음을 피할 수 없다. 생명력으로 충만한 봄여름의 들판과 검게 비어 있는 겨울 들판 사이의 아득한 거리. 그것이 페르세포네의 운명이고, 그녀를 자식으로 둔 데메테르의 숙명이다.

신화는 이와 같은 자연적 이치를 생동하는 서사로 표현한다. 지하의 신이자 죽음의 신인 하데스가 페르세포네를 납치해서 땅속으로 끌고 들어간 일이 바로 그것이다. 이미 많은 이들이 풀이했듯이, 이는 식물들이 가을을 거치면서 조락해서 죽음의 상태로 돌아가는 모습을 표상한다. 신화는 페르세포네를 잃은 데메테르가 슬픔과 분노에 잠겨 곡물을 돌보는 일을 그만뒀다고 하거니와, 이는 겨울로 접어들면서 대지가 검고 차갑게 굳어버리는 상황을 나타낸다. 황량한 겨울 들판을 걸어본 사람이라면 그 이미지적 상징을 쉽게 이해할 것이다.

잘 알듯이 겨울은 길이 지속되지 않는다. 죽음 상태에 있던 씨앗은 봄이 오면 다시 싹을 틔워 아름다운 생명력으로 대지를 수놓는다. 지하에 잠겨 있던, 하데스에게 잡혀 있던 페르세포네가 다시 지상으로 나와 데메테르의 품에서 즐거이 노니는 시기다. 아름다운 축복으로 넘실대는 사랑의 대지! 그 속을 찬찬히 걷는 것보다, 페르세포네와 생명적으로 교감하는 것보다 행복하고 충만한 일은 따로 없을 것이다. 대지를 삶의 터전으로 삼는 농부들은, 페르세포네의 부활을 정성껏 준비하고 기다려온 오랜 동반자들은, 더 말할 것도 없다.

시골에서 농부의 아들로 태어나 자라나서일까? 보리나 벼, 밀이 자라나는 들판을 걷는 일을 무척이나 좋아한다. 좋은 봄날이라면 해가 뜰 때부터 질 때까지 한량없이 걸어도 좋다. 그렇게 제주 올레길을 걷고, 남도의 들판과 내포의 들판을 가로질렀다. 독일 헤센 주의 밀밭과 알자스의 포도밭을 누볐고, 토스카나 순례길을 하염없이 걸었다. 생명의 신 페르세포네와 함께. 그리고 자청비와 함께. 생각만으로도 마음이 따뜻하게 차오르는, 행복한 일이다. 지금 바로 훌쩍 떠나고 싶은 충동이 솟아날 정도다.

봄날의 들판이 아름다운 것은 겨울이 있기 때문일 것이다. 페르세포네와 자청비가 아름답고 사랑스러운 것은 길고 힘든 잦아듦과 시련의 시간이 있기 때문이다. 문득 모습을 감추고 사라져버리는 이들 여신은, 때가 되면 돌아온다. 하지만 그것은 저절로 이루어지는 귀환이 아니다. 늘 그들과 함께하는, 그들을 변함없이 믿고서 지켜짐과 지켜줌을 이어가는 사람들이 있기에 가능한 일이다. 그 영원한 생명적 동반 관계에 대하여 나는 이를 '사랑'이라고 부른다. 신화적인. 숭고한.

하늘과 땅 사이의 자청비,
뭐든 다 해낼 듯했던

데메테르나 페르세포네와 비견할 한국의 농경신은 바로 자청비다. 제주 신화 〈세경 본풀이〉의 주인공이다. '세경신의 근본을 풀어내는 신화'라는 뜻인데, 세경世耕은 곧 농경신을 일컫는 말이다. 세경신은 상세경 문도령과 중세경 자청비, 하세경 정수남까지 세 명이지만, 그 가운데 핵심은 단연 자청비다. 한쪽에 하늘, 한쪽에 땅을 거느리고 있는.

농경신 자청비는 데메테르와 마찬가지로 여신이다. 사랑의 여신! 하지만 자청비의 존재적 정체성은 데메테르나 페르세포네와 다르다. 데메테르와 페르세포네가 각각 대지와 식물 등을 표상하는 것과 달리 자청비가 표상하는 것은 인간이다. 대지 위에서 움직이면서 동물을 부리고 식물을 키우는. 요컨대 여신 자청비는 '농부'의 자리에 있다.

신화 속의 자청비는 처음부터 농부 또는 농경신은 아니었다. 자식을 간절히 원했던 어느 대갓집의 귀한 딸이었을 따름이다. 자청비는 어려서부터 베 짜는 일을 좋아하고 또 잘했지만 그것은 생업이 아니라 '놀이'에 가까운 것이었다. 하녀인 정술데기를 본받아 강물에서 빨래를 한 것도 노동이 아니라 손을 하얗게 만들기 위한 일종의 화장법이었다. 뭐든 하고 싶은 일을 다 하고야 마는, 세상에 못할 일이 없을 것 같았던 귀하고 사랑스러운 딸. 그가 자청비였다. '자청해서 태어난 사람'이라는 뜻을 지닌 이름과 잘 어울리는 면모다.

그 자청비가 바라본 것은 땅보다는 하늘이었다. 주천 강에서 재미 삼아 빨래를 하다가 만난 하늘사람 문도령이 마음에 들어오자 자청비는 거침없이 그에게로 직진한다. 남장을 하고서 문도령과 함께 공부를 떠난 자청비는 결국 그를 제 사람으로 만든다. 힘들게 마음을 얻는 형태가 아니었다. 상대의 마음을 가지고 놀다시피 해서 그가 완전히 자기에게 빠져들도록 한 것이었다. 연애의 고수! 자신감 충만한 능력자 자청비에게 하늘은 멀고 어려운 대상이 아니었다. 내 뜻대로 움직일 수 있는 무엇이었다.

농사라는 화두로 돌아온다면, 이러한 자청비의 모습은 하늘을 두려워하지 않는, 또는 그것을 당연한 나의 편으로 여기는 인간의 표상으로 볼 수 있다. 발로 땅을 디디고 머리로 하늘을 우러르는 나, 거칠 것 없다. 그 하늘, 그 땅은 늘 나를 빛나게 할 것이므로. 내가 움직이는 대로 결실은 착착 맺어질 것이므로. 돌아보면 철부지 어린 시절의 내가 그러했고, 초보 농부 시절의 내가 그러했다. 알아서 잘 자라고 결실을 착착 맺어주는 옥수수와 호박과 땅콩과 고구마. '뭐 이 정도 농사쯤이야!'

하지만 그것은 착각이었다. 무소불위 자청비를 기다리고 있는 것은, 초보 농부를 기다리고 있는 것은 배반과 전락, 좌절과 방황이었다. 홀로 감당해야 하는…. 감당하기에 벅찬….

하늘에 배반당하고
땅에 치이어 휘청대다

뜨거운 사랑을 꿈처럼 나눈 뒤 철석같은 약속을 남기고 떠난 문도령이었다. 하지만 그 사랑, 그 약속은 버려진 헌신짝이 된다. 떠나가고 나니 단 한 번의 소식도 없는 남자. 하늘사람이 아니었던 자청비로서는 속절없고 대책 없는 일이었다. 소식 없는 이도령을 기다리는 옥중의 성춘향처럼, 하염없이 날을 보내고 달을 보내는 것 외에 달리 할 수 있는 일이 없었다. 마음에 솟아나는 건 억울함과 성화뿐.

다시 농사로 돌아오면, 그것이 하늘이다. 햇살을 내리고 비를 주어서 농작물을 키워주는 고마운 하늘. 하지만 그 하늘은 때로 얼마나 무심한 것인지! 기다리는 비 대신 쨍쨍한 햇빛만 줄곧 내리는 것이, 또는 기다리는 햇살 대신 먹구름과 궂은비를 그침 없이 내리는 것이 저 하늘이다. 원망해봤자 소용없으니 아득할 따름이다. 나의 두 번째 고구마 농사가 그랬다. 풍요를 확신하며 호기롭게 모종을 심고 비닐을 덮었지만 숨구멍을 내줄 때는 이미 대부분의 모종이 타 죽은 뒤였다. 그리고 이어진 긴 가뭄의 날들….

다시 심은 모종들도 비실비실 말라갔다. 저 하늘은, 알아서 내 편이 돼주는 존재가 아니었다.

하늘 문도령을 속절없이 바라보는 자청비의 형상은 검게 죽어가는 땅 위에서 무력하게 하늘을 쳐다보는 농부의 모습을 표상한다. 하늘의 무심한 가혹함! 하데스의 페르세포네 납치를 용인함으로써 그녀를 죽음 상태로 몰고 간 제우스 또한 하늘이었다. 그때의 데메테르가 그러했듯이, 자청비가 발 디딘 대지도 좌절감과 분노로 신음하고 폭주했으리라.

〈세경 본풀이〉에서 땅의 폭주와 반란은 정수남이라는 인물의 일로 서사화된다. 자청비의 종이었던 정수남은 신화에서 문도령의 대극에 위치한다. 그는 밑바닥의 존재이자 야생적 본능적 존재로서, 천天에 대한 지地, 신神에 대한 물物을 표상한다. 문도령으로 표상되는 하늘이 자청비를 외면할 때, 정수남이 폭주를 시작한다. 굴미굴산 거친 산속으로 자청비를 유인해서 야만의 폭력으로 그를 범하려 한다. 아래로만 알았던, 내가 원하는 대로 복종할 줄로만 여겼던 땅, 또는 짐승의 반란이다! 뜻하지 않은 그 공격 앞에 자청비는 당황하고, 휘청댄다. 하늘과 땅 사이의 미력한 인간은. 또는, 하늘과 땅에 차례로 배반당한 슬픈 농부는.

자청비의 사랑은 그렇게 원망이 되고 절망이 된다. 과연 하늘과 땅은 마침내 인간 자청비를 구원할 것인지…. 그는 어떻게 나아가 움직여야 하는 것인지….

층하와 분별을 넘어서
세상의 일부가 되다

아마도 예상했겠지만, 자청비는 그 시험을 이겨낸다. 하늘에 배반당하고 땅에 치이지만, 그리고 믿었던 부모에게까지 원성을 들으며 쫓겨나지만, 그는 결국 땅을 살리고 하늘을 품에 안는다. 그 출발은 제 손으로 죽인 정수남의 재생이었다. 감히 주인에게 덤벼드는 종 정수남을 나뭇가지로 찔러 죽였던 자청비는 그가 자신의 오래고 귀한 동반자였음을 깨닫고서, 그 종(땅·짐승)이 있어서 자기가 살 수 있었던 것임을 홀연이 깨닫고서 그에게 손을 내민다. 맨 가슴으로 종의 원혼을 품어주고 서천꽃밭 생명꽃으로 죽은 몸을 재생시킨다. 그러자 우악스럽던 종은, 또는 거칠고 모질었던 땅은 살갑고 귀한 동반자로 거듭난다. 중세경 자청비에게 순종하며 그를 보필하는 하세경 정수남의 탄생이다.

자청비가 거친 땅에 손을 내밀어 그것을 품에 안자 또 하나의 큰길이 열린다. 하늘이 그에게로 내려와 길을 열어준다. 노각성자부줄을 타고 하늘로 올라간 자청비는 문도령과 재회하고 그와 결혼한다. 무심하던 하늘과의 극적인 접속이다. 하늘은 여전히 냉정해서 자청비를 불구덩이로 몰아넣지만, 그녀가 눈물로 기원하자 비가 내려 불을 끈다. 불타는 대지를 적시는 생명의 비!

결국은 그렇게 나의 편이 되어줄 하늘이었다. 믿음과 의지를 내려놓지 않는다면 말이다. 마침내 하늘과 접속하는 자청비의 모습은 하늘에 대한 믿음을 놓지 않는 농부들의 모습에 다름 아니다. 농부가 어찌 밭을 탓하고 하늘에 눈을 흘기랴. 믿음으로 기다리면서 내 할 일을 묵묵히 해나갈 뿐이다. 그렇다. 내가 할 일은 일기예보를 확인하며 하늘을 쳐다보는 게 아니라 밭으로 나가 물을 길어다가 모종들을 정성껏 적셔주는 일이다. 그렇게 할 일을 다하고서 하늘과 땅의 처분을 기다리는 것이 답이다. (실제로 나는 물을 주면서 고구마 모종을 돌봤고, 그들은 대부분 살아나 결실을 전해주었다. 전년도에 비해 수확량은 적었지만, 감동은 더 컸다.)

뭐든 할 수 있을 것 같았던, 하늘이든 땅이든 다 제 뜻대로 되리라 여겼던 초보 농부 자청비는 시련과 좌절의 긴 터널을 거치면서 진정한 생명의 존재로 거듭난다. 일컬어 농사의 신! 그의 진짜 사랑은 그로부터 시작이다. 하늘과 땅은 그에게 더 이상 '대상'이 아니다. 서로 연결되고 어우러진 또 다른 나다. 앞서 자청비가 상세경과 하세경을 거느리고 있다고 썼는데, 서로 나란히 이어져 하나라고 하는 것이 더 적실한 표현이 된다. 영원한 사랑의 동반자!

자청비는 농사와 풍요의 여신임에도 남편인 문도령과의 사이에서 낳은 자식이 없다. 오랜 의문이었는데, 그 답을 새로 깨닫는다. 그에게는 자식이 없는 것이 아니다. 세상의 무수한 푸른 싹과 알곡과 열매가 하늘과 결혼해서 낳은 그의 자식들이다. 그들은 땅의 자식이기도 하다. 사랑의 여신 자청비에게 문도령과 정수남이라는 두 남자의 존재는 선택이 아닌 필수다. 농부들에게 하늘과 땅이 필수인 것처럼. 이거 정말로 멋들어진 최고의 사랑 아닐까?

덧붙이자면, 논농사·밭농사만이 아니라 '사람 농사' 곧 인간관계도 마찬가지일 것이다. 내 기준과 욕심으로 움직일 때 결국 생겨나는 것은 틈과 벽이고, 배반과 좌절이다. 다 내려놓고서 기꺼이 포용할 때 나와 인연이 닿은 모든 이들은 또 나른 갸륵한 나가 된다. 기꺼이 받아들이고 진심으로 감사할 일이다. 천지신명이 허여한 크나큰 축복을! 사랑을!

신은 정말로
인간을 사랑할까

우리는 무엇을 위해 세상에 태어났나

종종 귀에 들려오는 노래가 있다. "당신은 사랑받기 위해 태어난 사람. 당신의 삶 속에서 그 사랑 받고 있지요…." 노래하는 이의 밝은 목소리에 기쁨과 사랑이 넘친다. 사랑받는 느낌! 아주 고마운 일이다. 하지만 이 노랫말에 대해 공감 대신 이질감과 거부감을 느끼는 이들도 있을 것이다. '그냥 지어낸 말일 뿐이야. 나는 외롭고 힘들기만 한걸….' 소외감과 절망감 속에 있는 이들에게 '신은 당신을 사랑한다'는 말은 위로가 아니라 날카로운 송곳이 될 수 있다.

과연 우리는 이 세상에 사랑받기 위하여, 또는 사랑하기 위하여 태어난 것일까? 신은 정말로 인간을 사랑할까?

얼마 전의 나는 이 질문에 대해 확신으로 답할 준비가 돼 있었다. 그렇다고. 왜 아니겠냐고. 만약 그렇게 느끼지 못한다면 이런저런 외물外物과 상황에 휘둘려서, 또는 스스로에게 갇혀서 세상의 본질을 보지 못하기 때문이라고 말할 것이었다. 하지만, 마음은 변하는 것. 나의 확신은 흔들림으로 바뀌려 한다. 정말 그러할까? 신은 정말로 인간을 사랑하는 걸까?

이 질문에 대한, 또는 회의에 대한 신화적 성찰을 이끌어줄 동반자를 찾아본다. 비극적 운명에 신음한 주인공들이 먼저 떠오른다. 오이디푸스와 안티고네, 시시포스, 아킬레우스, 다프네, 오르페우스Orpheus…. 사랑하는 짝 에우리디케Eurydice를 잃고 쓰라리게 무너진 오르페우스가 마음을 흔든다. 그리고 우리 신화의 주인공들이 줄지어 다가온다. 아비도 없이 종의 자식으로 태어나 분노와 절망의 날을 견뎌야 했던 할락궁이, 풀리는 일이 없는 불운의 삶을 눈물 속에 이어간 지장아기, 첫날밤도 못 치른 상태로 남편을 잃고 극한의 고통에 몸부림친 청정각시 등등.

결국 내가 고른 이는 바리데기다. 나 자신과의 서사적 연결성 때문이겠고, 그 서사의 신화적 원형성 때문일 것이다. 자기를 존재하게 한 부모로부터 무참히 버림받은 자식. 이보다 더 서럽고 저주스러운 운명이 어디 있을까. 슬픔과 억울함을 가히 가늠할 수 없었을 어린 바리에게 '사랑'

이란 말은 오히려 서럽고 원망스러웠을 것이다. 누가 감히 그에게 "너는 사랑받기 위해 태어난 사람이야" 하고 말할 수 있을까.

그런데 신화는 그렇게 말한다. 너는 버려지기 위해 태어난 것이 아니라고. 하늘은 널 사랑한다고. 천 분의 일, 만 분의 일도 실감하기 어려웠을 그 존재적 진실에 한 걸음씩 다가가는 과정이 곧 바리의 서사적 여정이었다고 할 수 있다. 이제 우리가 함께 밟아나갈 신화적 여정이기도 하다.

금할 수 없는 존재적 질문, 슬프기 그지없는

바리데기 바리공주가 궂은 산중, 또는 거친 피바다에 버려진 것은 철모르는 갓난아기 때였다. 궤에 갇힌 채로 한없이 피바다를 떠돌던 제 몸에 모래와 흙이 가득했어도, 왕개미와 실뱀이 빽빽이 몸을 감쌌어도 바리는 그게 무슨 뜻일지 몰랐으리라. 비럭할미·비럭할아비의 거둠을 입어서 사랑 속에 성장하면서, 바리는 나름 행복했을지도 모른다.

하지만 철이 들면서 할미·할아비가 제 부모일 수 없음을 알았을 때, 자기는 부모에게 버려진 딸이고 그래서 이름이 '바리'였음을 알게 됐을 때, 세상의 색깔은 완전히 달라졌을 것이다. 발 딛고 서 있는 한 뼘의 바닥까지, 모든 것이 무너지는 느낌이었을 것이다. 나 자신이 '원치 않는 사람'임을 깨달았을 때의, '없는 게 더 나은 사람'이었음을 뒤늦게 인지했을 때의 참담한 절망감을 다들 한번쯤은 경험한 적 있으리라. 바리에게는 그것이 태생적인 존재적 정체성이었던 터다. 그건 얼마나 아득한 일이었을지….

할머니·할아버지요. 날짐승과 길벌레도 다 어미·아비가 있는데 나는 어찌하여 어머니·아버지가 없습니까? 우리 부모님은 누구입니까?

바리가 가슴속을 꽉 채워 올라오는 무언가를 더 이상 참지 못하고 비럭할미·할아비에게 던진 질문이다. 그건 질문이라기보다 하나의 비명悲鳴이었다고 할 수 있다. 던졌다 던지데기, 버렸다 바리데기! 날짐승이나 길벌레만도 못한 존재! 하늘은 무참히 버려져 지워질 존재를 왜 세상에 내었나. 왜 공연히 세상에 집어던졌나. 차라리 생겨나지 않았으면 이 고통과 절망이 없었을 것을….

"이 할미가 어미이고 할아비가 아비니라."

"그런 말 마십시오. 이렇게 늙으신 분들이 어찌 나 같은 자손을 낳습니까?"

"하늘이 네 아버지이고 땅이 네 어머니니라."

"할머니·할아버지요. 어떻게 하늘땅이 인간 자손을 낳는단 말입니까?"

"전라도 왕대나무가 아버지이고 뒷동산 잎 많은 나무가 어머니니라."

"그런 말 마십시오. 어찌 산천초목이 인간을 낳습니까?"

애초에 답이 불가능한 질문이었다. 왜냐면 그것은 질문이 아니라 비명이었으므로. 늙은 할미·할아비가 애써 만들어내는 답변이 바리의 질문만큼이나 슬프다. 아비·어미가 없다는 객관적 사실 앞에, 무참하게 내던져진 존재라는 엄연한 진실 앞에, 할미·할아비의 말은 작은 위로조차 될 수 없었으리라. 오히려 더 아프고 슬펐을지도 모른다. 오죽하면 저 착하고 순한 아이가 자신을 키워준 늙은 할미·할아비에게 저렇게 항변을 할까.

나의 어머니, 뒷동산 나무

그런데 신화는 이 지점에서 하나의 반전을 선사한다. 바리의 너무나 당연하고 명확한 항변에 노인들은 이렇게 말하는 것이다.

허튼 말이 아니라 천지간 산천에 풀과 나무가 우거지

면 이슬이 내려서 인간 탄생을 하느니라.

둘러대기 위해서 갖다 붙인 것처럼 보이는 이 말은, 사실상 천지 창조 신화의 압축이다. 하늘과 땅이 갈라진 뒤 하늘에서 청이슬이 내리고 땅에서 흑이슬이 피어나 서로 합쳐져 그 기운으로 뭇 생명이 생겨나고 인간이 태어난 시원적 역사. 노인들은 지금 바리에게 그 영겁의 역사와 섭리를 말하고 있는 중이다. 부모와 자식이라는 눈앞의 관계를 넘어선 한 생명의 우주적 연결성을.

무참히 버림받은 존재라는 현실에 신음하는 철부지 아이에게 그 말이 어찌 귀에 들어올까. 씨알도 안 먹힐 딴 세상 이야기였을 것이다. 그런데 신화는 이 지점에 또 한 번의 큰 반전을 마련한다. 만 분의 일도, 천만 분의 일도 위로가 안 됐을 노인들의 말에 대한 바리의 반응은 다음과 같은 것이었다.

아이는 그 말을 듣고서 전라도는 멀어서 못 가고 뒷동산 나무에 하루 세 번씩 문안하기를 그치지 않았다.

그건 무슨 마음이었을까. 그렇게라도 어미 구실을 해줄 무언가를 찾아서 가련한 제 처지를 위로받고자 한 것일까. 생각하면 참 부질없는 일로 여겨지지만, 그것이 객관적 사실에 가깝겠지만, 그건 정말로 아무 부질없는 일이었을까 생각해본다. 하루 삼세번씩 매일 찾아와 문안하는 아이에게 뒷동산 나무는 아무것도 아니었을까? 그렇고 그런 하나의 사물과 불과한 것이었을까?

그렇지 않다. 어느 날 문득, 나무는 바리에게 이렇게 말했을지도 모른다. 소리 없는 울림으로. '그래, 아가야. 내가 너의 어미야. 어찌 나뿐이겠니. 너를 둘러싼 모든 풀과 나무, 바위와 돌과 바람과 구름, 저 하늘과 땅, 이 모두가 네 아버지이고 어머니란다. 너를 키워준 할미·할아비는 더 말해서 무엇하겠니. 너는 버림받기 위해 태어난 존재가 아니야. 모두가 너를 바라보며 지켜주고 있단다.'

사실은 자기 마음 깊은 곳에서 울려나왔을 그 말 앞에서 바리는 하염없이 울었을지도 모른다. 만 분의 일의 위로조차 되지 않는다 해도, 그것이 천 번, 만 번 쌓이면 사정은 달라질 수 있다. 1년 365일, 바리는 그 일을 하루도 그치지 않았다지 않는가!

신, 병 주고 약 주는 존재

하루하루를 빠짐없이 산천초목과 소통하면서, 하늘땅과 대화하면서 바리에게 가장 크게 다가온 존재는 무엇일까? 그건 바로 비럭할미·비럭할아비였을 것이다. 흙과 모래에

뒤덮여 죽어가던 자기를 거두어서 사랑으로 키운 은인이자, 나의 한 존재가 크나큰 생명적 연결 속에 있음을 삶으로 깨우쳐준 사람. 하늘이 무심치 않음을 확인시켜주는 살아 있는 증인.

바리는 몰랐을 수도 있지만, 신화 속에서 그 일은 하늘의 시킨 바였다. 부처님으로 표현된 신령이 피바다 위를 떠도는 바리를 발견하고서 그를 비럭할미·할아비에게 인도했던 것이었다. 구원자로서의 신이다. 신은 한 생명을 아들이 아닌 딸로 점지하여 무참히 버려지게 만들고서는 그 명줄이 끊어지지 않도록 나선 것이니, 말하자면 병 주고 약 주기다. 인간의 명命이란 얼마나 얄궂은 것인지!

운명의 장난은 이로써 끝이 아니다. 부모에게 버려진 딸은 어느 날 자기를 내다버린 부모와 만나게 되거니와, 이 또한 신이 계시하고 이끈 일이었다. 감당하기 힘든 큰 병에 대한, 뒤늦게 주어진 약이었다. 얄궂은 것은 그 약이 다시 병으로 이어진다는 사실이다. 바리가 만난 부모는 병들어 죽어가고 있었고, 그것을 해결할 수 있는 이는 자기밖에 없었다. 부모를 고칠 약수를 구하기 위해 서천 서역 저승으로 홀로 길을 떠나는 딸. 그에게 부모와의 만남은 약이었을까, 아니면 병이었을까?

바리의 삶의 여정에서 '신의 두 얼굴'은 변함없는 상수常數였다. 험한 호랑이 모습으로 길을 막던 신은 인자한 노인으로 변해서 꽃을 전해준다. 그렇게 길을 인도하는 듯하던 신은 어느 날 바리를 지옥에 덜컥 가두기도 한다. 남장을 하고 길을 가던 바리가 성별을 속였다는 것이 죄목이었다. 서천 서역 저승에 도착한 뒤의 일은 또 어떤가. 약수를 구하기 위해서 바리는 한 남자와 결혼해야 했고, 나무하기와 빨래하기, 불 때기로 세월을 보내며 자식들을 낳아서 키워야 했다.

그야말로 쉬운 일이 단 하나도 없는 고난의 역정이다. 병 주고 약 주고 또 병을 주는 존재. 그런 휘둘림의 역정 뒤에 이어질 일이 무엇인가 하면 '죽음'이다. 사람은 누구라도 피할 수 없는 그것, 영원한 사멸이다. 생각하면 세상은 너무나 엄중하고, 신은 더할 나위 없이 냉정하다. 늘 내 편인 신은, 언제나 자비로운 신은, 없다!

잘 알듯이 이는 바리데기 바리공주만의 일이 아니다. 우리 모두의 존재적 운명이다. 얼마 전까지 의욕과 열정으로 충만했던 내가 시나브로 무기력한 회의에 젖어든 것은 말하자면 신의 장난이다. 나쁜 신 같으니라고! 아무리 원망해봤자 신은 눈썹 하나 까딱하지 않을 것이다. 왜냐하면, 그게 신의 일이니까.

사랑이라 불러도 좋으리

신화는 말한다. 신은 원래 그렇게 존재하는 법이라고. 천지간 세상을 나아가는 것은 너 자신의 몫이라고. 그 말은 신의 입을 통해서 발화되지 않는다. 주인공의 행위를 통해서 전해진다. 하나의 신령한 서사를 통해서.

일련의 얄궂은 운명을 바리는 기꺼이 받아들인다. 그리고 감수한다. 자기를 버린 부모를 위해 험한 저승으로 가기를 마다하지 않으며, 호랑이 앞에 나아가기를 주저하지 않는다. 험한 지옥에 갇힌 일을 원망하는 대신 지옥의 벽을 허무는 길을 찾아낸다. 궂은 저승에서 긴 세월 동안 나무하고 빨래하고 불 때면서 자식을 낳아 키우는 일을 바리는 기꺼이 감당한다.

그러자 세상은 바뀐다. 그가 빨래하고 밥하던 궂은 물은 사람을 살리는 생명수가 된다. 그는 그 물로 병든 부모를 살리고, 세상을 휘감은 죽음의 기운을 걷어낸다. 그렇게 그는 신이 된다. 죽음을 생명으로 바꾸는. 절망을 축복으로 바꾸는.

과연 바리는 어떻게 그럴 수 있었을까? 누구나 맞닥뜨리게 되는 이 오랜 질문에 하나의 새 답을 찾아본다. 어쩌면 그 시작은 바리가 뒷동산 잎 큰 나무에 문안을 드리면서부터 시작되었다고 하는 것이다. 나의 존재적 부질없음에 대해 만 분의 일의 답이라도 찾으려던 미약한 몸짓 말이다. 돌아보면 이 세상에 영속한 것은 없다. 뒷동산 나무의 잎새 또한 마찬가지다. 그 잎이 떨어지고 다시 나고 커가는 것을 보면서, 또는 비에 젖고 바람에 흔들리며 신음하다가 다시 햇살에 반짝이는 것을 보면서, 바리는 그 모든 것이 생명이고 신성임을 느꼈던 것 아닐까?

하나의 나무가 세상에 있는 것과 없는 것 사이의 엄청난 간극! 나뭇잎이 피고 지는 것은, 비에 젖다가 햇살에 빛나는 것은 그것이 '있기' 때문이다. 시들거나 뿌리 뽑혀서 죽는 일도 마찬가지다. 애초에 존재가 없었으면 죽음도 없었을 것이다. 나 또한 마찬가지다. 이 세상에 없었다면 어찌 기쁨이든 슬픔이든, 기림이든 버림이든, 단 하나라도 느낄 수 있었을까. 병 주고 약 주는, 약 주고 병 주는 신과 대면할 수 있었을까. 여기 이렇게 숨 쉬면서 움직이는 나. 이보다 더 큰 축복이 어디에 있나.

어둠 대신 빛을 보면, 고통 대신 행복을 보고, 절망 대신 희망을 보면, 병 대신 약을 보면 세상은 달라진다. 우리는 이를 축복이라고 말한다. 그 축복은, 저절로 오지 않는다. 움직여서 앞으로 나아가야 내 것이 될 수 있다.

문득 토스카나 비아 프란체제나 순례 여행의 장면들이 떠오른다. 궂은 날씨 속의 긴 행군 뒤에 펼쳐진 대자연의 장관을 만나면서, 또는 힘든 하루를 마무리하고 안온한 잠자리에 들면서 내 안의 나는 말없이 외치곤 했었다. 깊은 곳에서 우러난 진심으로써. '그래. 산다는 건 축복이야! 나는 사랑받기 위해 태어난 거야. 헤아릴 수 없는 이 큰 사랑!'

궁극의 답처럼 보이는 이 말에 대해서, 바리 여신은 조용히 고개를 젓는다. 그렇지 않다고 말한다. 사랑은 빛이나 행복에, 희망에 있는 것이 아니라고 말한다. 빛과 어둠, 행복과 고통, 희망과 절망은 둘이 아닌 하나라고 말한다. 그 모두는 어느 것 하나 예외 없이 하늘이 우리에게 허여한 사랑의 과정이다. 여기 우리의 존재는 그 자체로서 사랑이다.

구원의 여신이 전해주는 깊은 깨우침에 막혔던 마음이 열리면서 나아갈 길이 나타난다. 돌아보면 늘 그렇게 나아온 바였다. 가없는 사랑 속에서. 그렇게 길이 나아가리라. 가없는 사랑으로. 천 분의 일 또는 만 분의 일의 바리데기가 되어서. 한 걸음 또 한 걸음. 갈 수 있는 데까지!

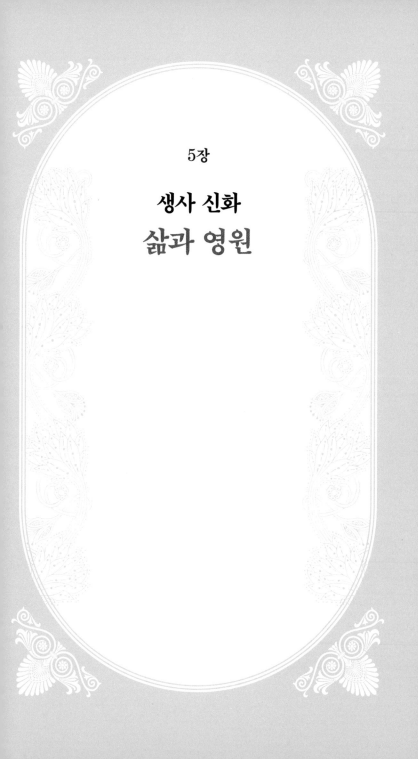

5장

생사 신화
삶과 영원

내 안의 에로스와
타나토스를 넘어서

인간의 두 충동, 에로스와 타나토스

정신분석학의 창시자로 일컬어지는 지그문트 프로이트 Sigmund Freud는 인간에 대한 이해에 변혁을 가져온 사람이다. 그 핵심은 인간의 이면에 작동하는 '무의식'의 발견이었다. 그는 인간의 사고와 행동이 이성에 의해 충분히 통제되지 않으며, 무의식에 의해 움직이는 측면이 더 크고 본질적이라고 보았다. 이런 견해는 처음에 상당한 저항에 부딪혔지만 오늘날 보편적 상식으로 받아들여지고 있다.

프로이트는 《쾌락 원칙을 넘어서》에서 인간의 무의식 깊은 곳에 자리한 본능적 충동으로 에로스와 타나토스를 들었다. 에로스가 생명을 발현하고 고양하는 '생의 본능'이라면, 타나토스는 생명을 파괴하고 사멸하는 '죽음 본능'이다. 두 본능이 서로 긴밀히 맞물려 함께 작동하는 가운데 오르내림의 격동을 겪는 것이 인간 삶의 과정이라는 것이 프로이트의 설명이다.

에로스와 타나토스는 그리스 신화 속의 신이다. 일컬어 '사랑의 신'과 '죽음의 신'인데, 신적 연원과 상호 관계가 간단치 않다. 어쩌면 당연한 일이라고 볼 수 있다. 삶과 죽음이라는 가장 크고도 원초적인 문제에 맞닿아 있는 것이니 말이다. 그런 한편으로 무척 궁금해지기도 한다. 왜 '사랑'의 짝이 '죽음'인 것일까? 신상神像 속의 에로스와 타나타노스는 서로 닮은 모습을 하고 있는데, 그것이 뜻하는 것은 무엇일까? 그들이 내적 자아의 표상이라고 할 때, 나의 마음 깊은 곳에 에로스와 타나토스는 어떻게 깃들어서 어떻게 움직이고 있는 것일까?

신화 속 에로스의 원모습을 찾아서

에로스는 그리스 신화 속의 도드라진 주인공이다. 그는 날개 달린 몸으로 사방을 훨훨 날아다니면서 화살을 날려서 수많은 인물들을 사랑에 빠뜨린다. 에로스에 의해 발생한 신화적 사건이 한둘이 아니다. 인간뿐만 아니라 신들도 그의 화살을 피하지 못한다. 화살에 맞은 아폴론은 자기를 피해 도망가는 다프네를 끝까지 쫓아가다가 그녀가 나무로 변하는 상황을 목격해야 했다. 에로스의 어머니로 알려진 아프로디테가 아도니스Adonis와 사랑의 소용돌이에 빠져든 것도 에로스의 화살 때문이었다. 에로스 자신도 예외가 아니어서, 실수로 제 화살에 찔리는 바람에 인간 처녀 프시케와 사랑에 빠져 다사다난의 우여곡절을 겪는다. 에로스와 프시케의 관계에는 애욕과 영혼의 결합이라는 그럴싸한 해석이 붙여지기도 한다.

하지만 에로스가 성애性愛로서의 사랑을 주재하는 신으로 귀착된 것은 후대의 일이라는 것이 정설이다. 그리스 신화의 본래적 체계에서 에로스는 카오스와 연결되는 태초의 신격으로 말해진다. 그는 대지의 신 가이아와 밤의 신 닉스, 지하의 신 타르타로스Tartaros, 하늘신 우라노스 등과 나란히 위치하며, 때로는 그들보다 더 앞선 존재로 인식되기도 한다. 이때 에로스의 신격은 우리가 일반적으로 생각하는 '사랑'보다 더 원초적이고 포괄적인 '생명력'의 상징으로 보는 것이 어울린다. 만물을 움직여서 행위를 낳는 원초적 힘으로서의 '욕동慾動'을 생각하면 대략 적합할 것이다. 성애가 욕동의 대표적 표상이라는 점에서 에로스가 뒷날 사랑의 신으로 귀착된 것은 자연스러운 일이라 할 만하다.

그 원초적 생명력은 태초의 혼돈 상태로서의 카오스 안에 깃들어 있던 것이라고 봄이 어울린다. 카오스가 해체되면서 코스모스로 재구성되는 태초의 창조 과정은 외부적 충격이 아닌 자체적 힘으로 이루어진 것이었다. 카오스가 곧 우주 전체였음을 생각하면 당연한 일이다. 그 일련의 역사는, 카오스에 변화와 창조의 에너지가 깃들어 있었기 때문에 가능한 것이었다. 그 에너지를 상징하는 신격이 곧 에로스라고 볼 수 있다. 그가 날리는 화살은, 약동하는 원초적 에너지의 표상일 수도!

요컨대 우주 만물이 세상에 존재하게 된 것은 에로스의 작용이라 할 수 있다. 우리 인간들이 이렇게 세상을 살아가는 바탕에도 에로스가 있다. 산다는 것은 욕망하여 움직이는 일이니, 에로스는 곧 생명이라고 할 수 있다. 약동하는. 그 약동의 뜨거운 정점에 바로 사랑이 있으니, 생명의 신과 사랑의 신의 연결은 충분히 그럴 만하다.

그렇다면 죽음은 어떠한가. 우리가 생명이나 삶을 말할 수 있는 것은 그 반대에 '죽음'이 있기 때문이다. 죽음 없는 생명이란 있을 수 없다. 그 죽음의 신화적 표현이 곧 타나토스다. 생명을 가진 모든 것을 아득한 심연 타르타로스로 끌고 가는 무서운 존재. 에로스가 행한 모든 일에는 그림자처럼 타나토스가 따른다. 에로스에 사로잡힌 아폴론이 다프네의 죽음을 낳고 자신의 절망을 가져온 것은 단적인 사례가 된다. 에로스와 프시케의 사랑 또한 삶과 죽음, 희망과 절망의 이중주로 채색된 것이었다. 영속적인 사랑이란, 또는 영속적인 생명이란 존재하지 않는다. 달리 표현하자면, 영속적이지 않기에 생명이고 사랑인 것이라고 할 수 있다.

우리는 신화 속 에로스가 가진 화살이 하나가 아닌 둘이었음을 기억할 필요가 있다. 그의 황금 화살은 사람을 사랑에 빠지게 만들지만 납 화살은 사랑을 거부하게 만든다. 하나가 활활 타오르는 불길이라면, 다른 하나는 타오르는 불을 꺼뜨리는 찬물이다. 약동하는 생명력과 스러지는 생명력. 그 두 개의 화살은 에로스의 다른 이름이 타나토스임을 말해준다. 신상 속의 에로스와 타나토스가 공통적으로 날개 달린 소년의 이미지를 하고 있음을 우연으로 치부할 바가 아니다.

우리 안에는 에로스의 황금 화살과 납 화살이, 또는 에로스의 화살과 타나토스의 화살이 함께 박혀 있다. 언제부터인가 하면 어머니 자궁이라는 태초의 알 속에서 숨을 쉬기 시작한 순간부터. 삶과 죽음의 이중주가, 또는 사랑과 공격, 희망과 절망의 변증법이 뭇 인간의 삶의 과정이다. 그 소용돌이에 유난히 크게 휩싸여 오르내림의 격동을 겪고 있는 지금의 나는 그것을 어떻게 감당하고 풀어나가야 하는 것일까? 그 내적인 문제에 대한 신화적 답은 무엇일까?

삼두구미에서 찾는 타나토스의 서사

그리스 신화 속의 타나토스는 크고 중요한 신격임에도 그 캐릭터와 서사는 불명확한 것이 특징이다. 그는 에로스와 달리 인상적인 서사를 그리 많이 남기지 않고 있다. 에로스의 서사 안에 이미 타나토스의 서사가 담겨 있다는 관점에서 보면 그럴 수 있는 일이겠으나, 그래도 아쉬움이 남는 것이 사실이다. 오르내림의 격동에서 자유롭지 않은 상황에서, 타나토스로 상징되는 생명성의 파괴와 사멸이 어떻게 이루어지는지에 대한 서사적 맥락이 궁금할 수밖에 없다.

그에 대한 하나의 인상적인 실마리를 한국 민간 신화에서 찾아볼 수 있다. 제주의 본풀이 신화에 타나토스에 해당하는 신격이 있으니 그 이름은 삼두구미三頭九尾다. 이름 그대로 머리 셋에 꼬리 아홉을 가진 흉측한 괴물인데, 평소 모습은 이와 다르다. 사람을 도우러 나서는 백발 할아버지의 모습을 하고 있다. 산속에 살면서 나무꾼 앞에 나타나는 존재라서 산신령으로 착각하기에 딱 좋다.

삼두구미는 가난에 쪼들리는 나무꾼을 꾀어서 그 딸들을 아내로 삼으려 한다. 세 딸이 차례로 그의 마수에 걸린다. 장소는 산속 으리으리한 기와집. 겉보기에 멋지고 풍요로운 곳이지만 사실은 무서운 함정이다. 어느 날 삼두구미는 집을 나서면서 제 다리를 쑥 뽑아서 아내에게 주면서 그걸 먹으라고 명령한다. 무서움에 질려서 다리를 숨겨 두었던 딸들은 삼두구미 손에 처참하게 죽임을 당한다. 제 다리의 행방을 찾는 일은 죽음의 괴물에게 너무나 쉬운 일이었다.

말하자면 그건 출구 없는 감옥이었다. 죽음의 신인 삼두구미의 다리를 먹는다는 것은 스스로 '죽음의 몸'이 된다는 것과 같다. 죽음 상태로의 전락이다. 그리고 그 다리를 먹지 않는 데 따른 결과는 삼두구미에 의한 참혹한 타살이다. 이 또한 죽음 상태로의 전락이다. 그러니까 저 흉측한 괴물신 삼두구미가 딸들에게 행한 바는 스스로 죽음에 드는 것과 찢겨서 죽는 것 중에 하나를 선택하라는 것과 같다. "스스로 죽을래, 맞아서 죽을래?" 절대 강자가 무기력한 약자에게 행하는 흉포한 폭력이다. 죽음 앞에 놓인 인간의 운명이 그와 같다.

신화에서 막내딸은 두 언니와 달리 죽지 않고 살아난다. 그녀는 삼두구미의 다리를 불태운 뒤 그 재를 배에 붙인다. 집에 돌아온 뒤 "내 다리 어디 있니?" 하는 물음에 막내딸 배에서 "여기요!" 하는 답이 나오자 삼두구미는 그녀가 자기 명령을 완수했다고 여긴다. 자기와 같은 괴물이 되었다고 하는 확신이다. 막내딸은 그 믿음을 이용해 삼두구미의 약점을 알아낸 뒤 그를 처치하고서 죽음을 면했다는 것이 이야기의 결말이다.

하지만 삼두구미는 그렇게 사라져 없어지지 않는다. 죽음의 신은 그 자체 죽음이니 일시적으로 막아설 수 있을지 몰라도 그를 사멸시킬 수는 없다. 헤라클레스나 시시포스가 타나토스를 물리쳤지만 타나토스가 사라지지 않던 것과 마찬가지다. 죽음의 신에 직면하는 시간은, 존재가 산산이 파괴되는 시간은 결국 온다. 타나토스를 농락했던 헤라클레스와 시시포스의 최후가 남달리 끔찍했던 것은 우연이 아닐 수 있다. 마찬가지로, 〈삼두구미 본풀이〉속의 막내딸도 내내 끔찍한 죽음의 그림자 속에서 남은 생을 살았을지 모른다. 언니들의 참혹한 시신을 제 손으로 수습해야 했던 그였으니 더욱 그러하다.

생명의 끝에는 죽음이 온다는 것, 고양된 삶의 시간 뒤에 전락의 시간이 온다는 것. 에로스와 타나토스의 이 파괴적 역학 관계를 우리는 과연 어떻게 감당해야 하는 것일까? 그 숙명 앞에 따로 길은 없는 것일까? 그냥 무너져 파괴될 수밖에 없는 것일까?

생명과 죽음의 이원성을 넘어서

인간은 누구나 태어나면 한 번 죽는다. 존재의 파멸적 해체로서의 죽음 앞에서 우리는 말을 잃는다. 죽은 자는 말이 없고, 한번 떠난 자는 돌아오지 않는다. 생명과 죽음 사이의 아득한 심연! 에로스와 타나토스의 공존 불가능한 모순성이다.

그러나 신화 속에서 에로스와 타나토스는, 공존한다. 나아가 그것은 한 존재의 두 모습이다. 죽음 너머의 세계에 대해서는 무어라고 가히 말하기 어렵지만, 우리 삶의 과정이 그 자체로 에로스와 타나토스, 또는 생명과 죽음의 이중주라는 점은 말할 수 있다. 심리적 측면에서 볼 때 더욱 그러하다. 우리의 존재는 어느 순간 생생히 살아 있지만, 어느 순간 무력하게 죽어 있다. 존재는 삶과 죽음을 끝없이 오간다. 불교에서 말하는 억겁의 윤회·전생은 현생의 삶 속에서 부단히 펼쳐지는 무엇이다.

근간에 스스로 돌아본 나 자신은 타나토스에 사로잡힌 존재였다. 겉으로는 멀쩡해 보일지 모르나 이면의 무의식은 스트레스와 공격성의 지배하에 들어 있었다. 신화를 통해 진단한 나의 자기서사는 걸려든 희생물에게 다리를 쑥 뽑아서 내밀면서 먹든지 말든지 알아서 하라고 위협하는 삼두구미였다. 내 안의 삼두구미라니…. 하나의 충격적 자기발견이었다.

돌아보니 그것은 에로스와 타나토스의 파괴적이고 상극적인 이중주였다. 평화롭고 충만한 생명적 누림의 시간을 통해 고양되었던 에로스는 어느 때부터인가 선을 넘어서 폭주하기 시작했고 부지불식간에 타나토스로 탈바꿈

한 것이었다. 무기력과 공허로. 그리고 자기 자신과 세상을 향한 파괴적 공격성으로. 그렇게 나는 죽음을 살고 있었다.

이 생명적 모순을 어떻게 해야 하나…. 고통스러운 서사적 성찰 끝에 다가온 존재는 바로 시바였다. 인도 신화 속의 파괴의 신. 시바의 파괴는 '파괴를 위한 파괴'가 아니다. 창조를 향한, 새 생명을 향한 파괴다. 지금의 나를 죽임으로써 거듭나는 것이, 상충하는 에로스와 타나토스의 서사를 넘어서 시바의 서사로 나아가는 것이 내가 찾아가야 할 서사적 길이었다. 달리 말하면, 에로스와 타나토스의 변증법적 초극이다. 그 너머에 있는 것은 아름다운 지속의 신 비슈누의 신적 평화일 것이다.

서사의 힘은 참으로 놀랍다. 이러한 서사적 발견만으로도 혼란과 공격성으로 꽉 차 있던 나의 존재에 큰 안정과 평화가 찾아왔으니 말이다. 그것은 일시적인 심리 변화 이상의 무엇이었다. 다리를 뽑아서 내밀던 현실적 상황에 대한 서사적 해법이 구체적으로 다가왔다. 그리고 언젠가 맞이하게 될 진짜 '죽음'이라는 절대적 상황에 대한 인식에 변화가 생겨났다. 삶과 죽음은 결국 그렇게 어울려 움직이는 것이 아니겠는가 하는 생각이 '머리'가 아닌 '가슴'으로 찾아와 스며드는 것이었다.

과연 이 평화가 얼마나 이어질지 장담하기 어렵다. 내

안의 에로스는 다시 넘치고 폭주해서 타나토스로 표변할 가능성이 상존한다. 어쩌면 나는 팔다리를 동시에 뽑아서 누군가에게 내밀지도 모른다. 바야흐로 '삼두구미를 부르는 세상'이 아닌가 말이다. 그때 나는 다시 이야기를 찾을 것이다. 오래 흘러온 신령한 이야기를. 그를 통해 다시금 내 안의 서사를 돌아볼 것이다. 이미 에로스의 화살을 맞은 몸. 그 존재적 소명을 나는 벗어날 수 없다. 기꺼이 감수해서, 즐기리라. 타나토스가 찾아오는 그 순간까지. 아니, 타나토스와 함께 나아가면서도!

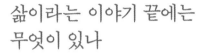

삶이라는 이야기 끝에는
무엇이 있나

삶의 끝과 이야기의 끝

흐트러진 컨디션과 느슨해진 일정을 틈타 오래 미루었던 독서를 실행했다. 대상은 웹소설의 전설로 일컬어지는 대하 판타지 《전지적 독자 시점》. 중간중간에 집중력이 떨어지기도 했으나 에필로그까지의 완주를 무난히 마칠 수 있었다. 기상천외한 설정과 갖가지 삽화들의 정교하고 극적인 접속은 사람들이 이 작품에 열광하는 이유를 웅변해주었다. 어쩌면 전설을 넘어서 '신화급'이 될지도 모르겠다. 작품을 거듭 정주행하는 수많은 마니아들에게는 이미 최고의 신화일 것이다.

개인적으로 작품에서 무척 흥미롭게 다가온 것은 설화 說話에 대한 담론이었다. 작품은 사람이 곧 설화라고 말한다. 인물들은 크고 멋진 설화를 만들어내는 것을 삶의 가치이자 목표로 삼는다. 그들의 삶의 여정은 설화를 써나가는 과정에 해당한다. 혹시라도 부상을 당하면 상처에서 설화의 파편들이 피처럼 흘러나온다. 치료를 위해서는 '설화팩'을 투여해야 한다. 그들은 그렇게 자기의 설화를 지키고 확장하면서 앞으로 나아간다.

그 설정이 문학치료학의 인간론과 너무나 흡사해서 놀라웠다. 문학치료학은 인간을 곧 서사로 보며, 인생이란 자신만의 특별한 이야기를 써나가는 과정이라고 말한다. 삶의 이면적 실체에 해당하는 그 이야기를 일컫는 말이 '자기서사'다.《전지적 독자 시점》에서 '설화'라고 칭한 그것이다. 한 사람의 자기서사는 단순치 않다. 갖가지 작은 이야기들이 다층적으로 얽혀 크고 복합적인 이야기를 이룬다. 그것은 하나의 우주라고 할 수 있다.

문제는 그 이야기의 종결 또는 종말이다. "그렇게 오래오래 잘살았습니다" 하는 서술이 서사의 진짜 끝일 수 없다는 데 문제가 있다. '사는 것'으로 끝나는 인생이란 없다. 그 뒤에는 필연적으로 죽음이 따른다. 이야기의 실제 결말은 "그렇게 살다가 어느 날 죽어서 사라졌다"라는 것이다. 다시는 돌아올 수 없는 깜깜하고 아득한 심연 속으로의 영원한 사라짐이다. 누구도 피할 수 없는 운명이다.

'죽음'이라는 절대적 종말 앞에서, 누군가가 평생에 걸쳐 쌓아온 이야기란 무슨 의미를 지니는 것인지 묻지 않을 수 없다. 그 이야기의 끝이란 결국 파멸이고 공허가 아닌가 말이다. 이 신화적 의문에 대하여 세계의 신화가 전하는 답변은 동일하지 않다. 극과 극으로 달라지기도 한다. 이제 그 이야기들을, 서사의 종말에 대한 서로 다른 서사들을 만나보기로 한다.

라그나로크, 서사의 충돌과 파괴

세계의 다수 신화들은 이 세상의 종말을 환란과 재앙으로 그려낸다. 그중에도 강렬하고 인상적인 것으로 북유럽 신화가 말하는 '라그나로크Ragnarok'를 들 수 있다. 일컬어 '신들의 운명'이다. 라그나로크의 대환란은 신들도 피할 수 없었으니, 최고신을 포함 모든 신들이 죽어서 쓰러진다. '완전한 대절멸'이라고 할 만한 가차 없는 서사다.

봄이 영영 찾아오지 않고 겨울이 끝없이 계속되는 가운데, 사람들은 야수로 변하여 서로를 잡아먹는다. 암흑으로 뒤덮인 땅이 크게 흔들리면서 거대한 늑대 펜리르가 봉인에서 풀려나 하늘과 땅에 맞닿는 커다란 입으로 모든 것을 먹어치운다. 바다에서는 거대한 뱀 요르문간드가 나타나 독액을 뿜어내면서 살아 있는 모든 것들을 죽음으로 내몬다. 재앙은 하늘에서도 온다. 안개로 가득한 하늘이 갈라지면서 불의 거인 수르트Surtr가 무스펠의 자손들을 거느리고 내려와 지나가는 모든 곳을 숯과 재로 만든다. 절벽이 바닷속으로 무너지면서 유폐됐던 로키가 헬의 병사들을 이끌고 나타나 무자비한 파괴에 가담하면서 재앙은 극에 달한다.

신들의 문지기 헤임달Heimdall이 뿔피리를 불어서 대재앙의 도래를 알리자 잠자고 있던 신들이 깨어난다. 그 선두에 선 존재는 최고신 오딘과 토르, 프로이Frey 등이다. 이들은 재앙에 맞서 분투하지만 닥쳐온 종말을 막지 못한다. 그것은 누구도 막을 수 없는 정해진 운명이었다. 오딘은 펜리르의 입에 창을 찔러 넣지만 그 입속에서 창과 함께 바스러진다. 토르는 묠니르로 요르문간드의 머리를 박살낸 뒤 그 입에서 뿜겨져 나온 독을 피하지 못하고 고통 속에 쓰러진다. 프로이도 수르트가 휘두른 불칼의 제물이 된다. 수르트의 불은 거인을 포함한 모든 것을 불태워버린다. 마침내 그 자신까지도 불에 타서 죽었다고 한다. 그렇게 모두는 죽고 우주는 닫힌다.

라그나로크가 말하는 것은 이 세상의 종말이다. 그런데 그 서사는 나에게 한 인간의 종말로서의 '죽음'에 대한 이야기로 다가온다. 인간이 곧 서사라고 할 때, 인간의 죽음은 곧 서사의 죽음이다. 라그나로크의 신화에서 우리 안의 수많은 서사들이 죽음이라는 운명 앞에서 어떻게 몸부림치며 부딪치다가 쓰러지는지를 생생히 본다. 무의식 깊이 억압돼 있던 서사(거인과 괴물, 짐승의 서사)가 통제를 깨고 풀려나와 크고 험한 본모습을 드러내며 날뛴다. 우리 존재를 지켜오던 서사(수호신들의 서사)가 그에 맞서서 움직이면서 최후의 대충돌이 펼쳐진다. 그렇게 펼쳐지는 대환란의 절멸… '죽음' 앞에 살아남는 것은, 아무것도 없다.

라그나로크가 그려내는 종말은 더할 나위 없이 끔찍하고 허망하다. 그것이 우리의 일이라고 여기고 싶지 않을 정도다. 하지만 그것은 부정할 수 없는 존재적 진실이다. 죽음에 직면할 때의 내면 서사의 격동은 족히 헤아릴 수 있는 바가 아니다. 그것은 어떤 식으로든 '모든 움직임'을 다할 것이다. 그러다가 속절없이 잦아들 것이다. 아득한 어둠 속으로. 처음 존재가 시작된 그곳, 끝 모를 혼돈 속으로.

니르바나, 서사의 원융과 초탈

라그나로크 신화를 곱씹으면서 내 안의 서사를 반추해본다. 거기에 펜리르나 요르문간드처럼, 또는 수르트나 로키처럼 충돌과 파괴의 환란을 가져올 서사가 내재함을 부정할 수 없다. 이 삶의 끝이 라그나로크일 수 있다는 것은, 이미 그 환란이 시작되었을 수 있다는 것은 섬뜩한 일이다. 과연 나의 서사는 그렇게 나아갈 수밖에 없는가 하는 자문自問에 '아니, 그렇지 않을 거야!' 하고 힘써 자답自答해 본다. 어느 곳엔가 갈림길이 있는 것이, 어떻게든 다른 길을 찾아낼 수 있는 것이 서사의 세계이므로.

풀리지 않은 채 웅크린 서사들이 준동해서 충돌과 파괴의 종말로 나아가는 것과는 상반되는 하나의 큰길을 '니르바나Nirvana(열반涅槃)'의 서사에서 찾을 수 있다. 일찍이 석가모니 붓다가 나아갔고 수많은 수행자들이 찾아 나아가고 있는 길이다. 생로병사의 질곡과 일체개고一切皆苦의 아픔을 누구보다 무겁게 느끼면서 그에 대한 싸움을 치열하게 이어나갔던 싯다르타Siddhartha가 도달한 서사의 궁극은 제반 서사의 원융적 초탈이었다. 자신의 삶의 실체를 이루는 모든 것들로부터의 '풀려나 벗어남(해탈解脫)'을 통해 그는 존재의 새 단계로 나아간다. 그 풀어냄의 핵심 대상은 자기서사라 할 수 있다. 스스로 찾아내고 살아온 모든 서사부터의 자유! 그렇게 또 하나의 '궁극의 서사'가 만들어진다.

붓다의 생애에 대한 자세한 이야기는 생략한다. 다만 그가 삶을 마무리하기에 앞서 거쳤던 마지막 싸움의 과정을 잠깐 보기로 한다. 《본생경本生經》의 서두에 해당하는 '세 가지 인연 이야기'는 붓다가 출가수행 끝에 깨달음을 얻어 성불한 과정을 전하는 전기적 기록인데, 이야기는 성불에 도달하는 고비 대목에 마왕 및 그 딸들과의 싸움에 대한 내

용을 배치하고 있다. 라그나로크와 마찬가지로 한 인간의
내부에서 이루어진 서사적 여정으로 볼 수 있는 무엇이다.

먼저 마왕이 거대한 코끼리에 올라탄 채 천 개의 팔에
갖은 무기를 들고서 수행자를 위협한다. 자기서사로 풀이
하면 마음속에 내재한 분노와 폭력, 갈등과 공격의 서사
의 마지막 준동이라 할 수 있다. 무시무시한 공격이었지만
그것은 수행자를 조금도 침노하지 못한다. 흉포한 바람은
그의 옷자락 끝도 흔들지 못하며, 바위덩이와 칼날, 숯덩
이와 모래 등은 꽃으로 변하여 사뿐히 내려앉는다. 수행자
싯다르타는 이미 그와 같은 종류의 어둠의 서사에 대해 집
착의 굴레를 훌쩍 넘어선 것이었다. 결국 거대한 코끼리는
무릎을 꿇고, 마왕의 권속은 흩어져 달아난다.

그 뒤를 이은 최후의 싸움이 '마녀의 유혹'이었다는 점
이 인상적이다. 각각 탕하(탐욕)와 아라티(혐오감), 라가(애
염)의 이름을 가진 마왕의 세 딸이 수행자를 결박하기 위
해 찾아온다. 인간이 못내 떨치기 어려운 '애욕의 서사'의
전방위적 공격이다. 존재를 흔들 만한 갖가지 유혹으로 다
가온 그 서사를 붓다는 무난히 떨쳐낸다. 아니, 풀어낸다.
그는 애욕의 굴레조차 훌쩍 넘어서 있었던 것이다.

그렇게 성불은 이루어지고, 수행자의 서사는 '니르바나'
로 완성된다. 그 서사의 뒤에는 아무것도 없다. 이미 서사
를 벗어났으니 죽음이 없으며, 업業이 없으니 회귀(윤회)도

없다. 영원한 자유와 평화가 있을 따름이다. '무無의 서사'가 주는 한없는 무게감! 라그나로크의 서사도 니르바나의 서사 앞에서는 하나의 깃털에 불과할지 모른다.

나의 길과 〈요한계시록〉의 길

니르바나의 서사는 붓다가 평생에 거친, 아니 억겁의 전생으로부터 이어진 싸움의 과정을 통해 도달한 경지였다. 그것은 나의 몸이 가히 미치지 못할 아득한 저편에 있다. 언제라도 흩어질 수 있는 미약한 마음만이 그것을 멀리 건너다보고 있을 따름이다. 어디에선가 하면 라그나로크로 향하는 길 위에서. 두 길 사이에 놓인 것은 죽음만큼 깊은 서사적 심연이다.

그 심연을 어떻게 해야 건너갈 수 있을까? 건너기의 시도가 가능하기는 할까? 이 질문에 대한 답은 모든 서사는 어떤 식으로든 연결이 가능하다는 것이다. 서사의 세계에서 서로 영원히 이어지지 않는 길이란 없다. 우리가 그것을 찾지 못하고 있을 따름이다. 아니, 찾아나가기를 스스로 포기하고 있을 따름이다.

그 하나의 서사적 답을 붓다 자신의 삶에서 찾는다. 붓다는 저절로 니르바나에 이른 것이 아니었다. 그것은 수많은 라그나로크의 서사를 거친 결과였다. 마왕들 및 마녀들과의 싸움은 그 작은 끝자락이었거니와,《본생경》본편은 그에 선행한 지난한 싸움의 과정을 무수한 전생 사연으로 전한다. 그 싸움에서 붓다는 늘 승리한 것이 아니었다. 무참히 패하여 쓰라리게 무너진 적이 여러 번이었다. 그 과정을 거치면서 계속 앞으로 나아감으로써 그는 마침내 심연을 넘어선 것이었다.

또 하나의 답으로 다가오는 것은《성경》속 〈요한계시록〉의 서사다. 계시록의 대부분이 말하는 것은 대환란과 재앙, 사멸에 대한 내용이다. 색색의 말馬이 퍼뜨리는 폭력과 불의와 역병… 천사의 나팔을 신호로 삼아 불타 무너지는 세상과 스러지는 생명들… 머리 일곱 달린 적룡과 뿔 달린 짐승들의 파괴적 발호… 스스로 죄의 굴레에 빠져든 인간에 대한 신의 심판과 죽음…. 그렇게 이 세상은 지옥의 땅 '아마겟돈Armageddon'이 된다.

하지만 그것은 서사의 끝이 아닌 과정이었다. '하느님 나라'로 표현되는 새 하늘과 새 땅을 열기 위한 과정이었다. 자기서사로 풀이하면, '내 마음속의 천국'을 이루어내기 위한 내적 투쟁의 여정이었다. 놓쳐서는 안 되는 핵심이다.

내 안의 지옥과 천국 사이에 길은 있다. 돌아보면 바리데기 또한 지옥에서 극락을 열었었다. 그 서사적 이행에서 무엇보다 중요한 것은 '실천행'이다. 깨우침이 선행되고 의지意志가 작동해야 하지만, 이는 작은 단초일 뿐이다. 몸을 움직여 나아가지 않으면 허튼 공염불일 따름이다. 죽음은 언제 어떻게 다가올지 알 수가 없다. 헤임달이 뿔피리를 불었을 때는 이미 늦은 뒤다. 미리 길을 찾아서 나아가고 있지 않으면, 감당할 수 있을 만큼 나아가 있지 않으면 펜리르와 요르문간드의 발호를, 또는 마왕과 마녀의 유혹을 물리칠 수 없다. 내 안의 라그나로크를 면할 수 없다.

라그나로크의 길을 벗어나 니르바나의 길로 나아가기 위하여, 내 마음속의 지옥을 허물고 천국을 펼쳐내기 위하여 지금 어디로 어떤 발자국을 내디뎌야 할지를, 나서서 무엇을 실천해야 할지를 헤아려본다. 나는 그 답을 이미 알고 있다. 지금 그 일을 하지 못한다면, 영원히 하지 못할 것이다. 죽음은 늘 내 곁에 있다는 사실을, 이미 내 안에 있다는 사실을 잊지 않을 일이다.

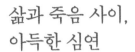

삶과 죽음 사이,
아득한 심연

죽음이라는 현실, 받아들이기 어려운

살아 있는 모든 존재에게 있어서 죽음은 하나의 현실現實이다. 언젠가 그 현실은 닥쳐올 것이고, 우리는 그것을 감당해야 한다. 왜냐하면 부정할 수 없는 현실이므로. 부정한다고 바뀌는 것은 없다. 현실은 있는 그대로 받아들이는 것이 최선이다.

하지만 이는 '논리'일 뿐이다. 가장 받아들이기 어려운 현실이 죽음이다. 그중에도 더없이 절망적인 것은, 사랑하는 이의 갑작스러운 죽음이다. 그 반짝이는 눈을 더 이상 못 본다는 것은, 따뜻한 손을 더는 못 잡는다는 것은 얼마나 아득한 일인지. 까마득한 무망감에 세상만사는 빛을 잃는다.

떠나는 이는 차라리 나을 수 있다. 떠나면 그만이므로. 또는 이미 떠나진 것이므로. 다가올 죽음에 대한 공포에 사로잡혀 있는 동안 그것은 받아들이기 힘든 현실이지만, 경계를 넘어선 뒤의 그것은 이미 받아들여진 현실이다. 떠난 자는 말이 없다. 기쁨이나 고통도 더 이상 그의 것은 아니리라.

하지만 남은 이는 그렇지 않다. 죽음은 금할 수 없는 고통의 시작이다. 떠난 이가 묻고 간 고통까지도 남은 이의 몫이 된다. 미리 마음의 준비를 한 상황에서도 절망감을 가히 피하기 어렵거니와, 사랑하는 이의 죽음이 거짓말처럼 갑자기 찾아왔을 때, 작별의 몸짓조차 하지 못했을 때, 남겨진 자가 할 수 있는 것이라고는 '현실 부정'의 몸부림일 따름이다. 신이 가장 원망스러워지는 순간이 이때일 것이다.

사랑하는 이의 예기치 않은 죽음이라는 신의 장난에 직면한 상태에서 이를 인정하지 못하고 온몸을 던져서 맞서려 한 이들이 있다. 신의 섭리에 맞섬으로써 신화가 된 그 이야기들을 우리는 또한 상징적 내면 서사로 읽을 수 있다. 그리고 거기에는 어김없이 갈림길이 있다. 삶과 죽음, 또는 지옥과 천국을 가르는 서사적 갈림길이.

오르페우스와 두 번의 절망

사랑하는 이를 찾아 저승으로 들어간 인물 가운데 가장 유명한 이는 그리스 신화의 오르페우스일 것이다. 그가 되찾고자 한 사람은 아내인 에우리디케였다. 그녀는 결혼한 지 열흘도 안 됐을 때 독사에 물려 숨을 거두었고, 오르페우스는 그 현실을 받아들일 수 없었던 것이었다.

트라키아의 왕 오이아그로스Oeagrus와 서사시의 뮤즈 칼리오페Calliope 사이에서 태어난 오르페우스는 뛰어난 시인이자 음악가였다. 그의 리라 연주는 너무나 뛰어나서 목석을 춤추게 하고 맹수를 얌전히 만들 정도였다고 한다. 일설에는 그가 아폴론의 아들이라고도 하는데, '음악의 신'이라 할 만한 능력에 따른 서사적 연결일 것이다. 음악은 약동하는 생명력의 미적 정수에 해당하는바, 오르페우스는 에로스의 화신이라고 해도 좋을 것이다. 목석을 춤추게 만드는 존재라면 에로스 이상의 에로스가 아니겠는가 말이다.

이러한 존재일진대 오르페우스가 행한 사랑이 특별한 것이었음은 자명하다. 그의 아내 에우리디케는 님프Nymph였다. 목석을 춤추게 하는 생명적 힘이 님프와 인연을 이루는 서사적 고리가 되었을 것이다. 천상의 음악을 연주하는 청년과 그 선율에 맞추어 춤추는 요정. 젊고 아름다운 생명력의 극한을 보여주는 형상이다. 온 세상이 부러워했을 것이다. 어쩌면 하늘에 있는 신들까지도.

하지만 그 사랑, 그 행복은 영원할 수 없었다. 봉오리가 채 피어나기도 전에 미친 비바람이 불어와 꽃송이를 통째로 꺾어버린다. 역설적인 일은 에우리디케의 죽음이 계곡으로 꽃을 꺾으러 갔다가 벌어진 일이었다는 사실이다. 꽃을 꺾으러 갔다가 스스로 꺾인 상황이니, 어찌 보면 필연일 수 있다. 꽃은 피면 지게 돼 있거니와, 눈에 띄는 예쁜 꽃은 노림의 대상이 되곤 한다. 에우리디케는 자신의 미모에 혹한 목동의 접근을 피하려다 독사에 물린 것이었다. 그늘 속에 도사린 사신死神 타나토스가 틈을 놓치지 않고 덮친 형국이니 일컬어 '신의 장난'이 아닐 수 없다.

오르페우스는 그 일을 인정하지 못한다. 그의 선택은 아내를 찾아 저승으로 들어가는 일이었다. 헤라클레스가 힘으로 저승을 왕래하고 시시포스가 꾀로 저승에 다녀왔다면 오르페우스의 수단은 음악이었다. 냉정한 뱃사공 카론Charon과 흉포한 케르베로스도, 통곡의 강과 망각의 강도 그를 막지 못한다. 음악으로 표상되는 에로스의 힘이었다. 그는 금치 못할 생명적 열정으로 지옥의 음산한 기운을 이겨낸 것이었다. 에로스의 폭주!

오르페우스는 그 힘으로 하데스와 페르세포네까지 감복시키고서 아내를 넘겨받아 이승으로 돌아오게 된다. 하지만 거기에는 조건이 있었다. 저승을 벗어날 때까지 뒤돌아서 아내의 얼굴을 보면 안 된다는 것. 산 자와 죽은 자는 눈길을 나누지 못하는 것이 저승의 법칙이었다. 일각이 여삼추였을 기나긴 귀환의 길에 오르페우스는 하고많은 유혹을 물리치고 금기를 지키지만 모든 것은 한순간에 허사가 된다. 동굴 밖 이승에 발을 내민 그가 뒤를 돌아보는 순간 아직 저승을 벗어나지 못했던 아내는 그대로 저승의 심연으로 떨어져버린다.

그것으로 끝이었다. 오르페우스는 다시 저승으로 들 수 없었고, 아내를 만날 수 없었다. 아내의 죽음에 이은 두 번째 절망이거니와, 이번의 것은 더 결정적이었다. 폭주하던 에로스는 마침내 소진되어 더 이상 힘을 낼 수 없었다. 뱃사공 카론이 그의 연주에 다시 마음을 주지 않은 것은 어쩌면 당연했다. 그는 이제 타나토스에 눌린 허깨비였을 뿐으므로.

일련의 과정을 심리적으로 해석하면, 오르페우스는 아내의 죽음이라는 현실을 애써 부정하면서 그 생명의 끈을 억지로 붙잡으려 한 것이라 볼 수 있다. 그가 저승으로 들어가 아내를 만난 일은 강한 심리적 집착에 의한 환각으로 보면 대략 어울린다. 환각은 환각일 뿐. 그가 만난 아내는 실상實像일 수 없었다. 뒤돌아 진실과 대면하는 순간 사라져버릴 허상이었다. 산 자와 죽은 자는 눈길을 나누지 못한다는 것이 그가 필연적으로 직면할 진실이었다.

문제는 그 진실에 직면했을 때 오르페우스가 밟아간 길이었다. 그는 모든 삶의 의욕을 잃어버리고 절망의 그림자 속에 숨어버린다. 깊은 동굴 속에 들어가 신들을 저주하는 노래를 부르짖는 그는, 모든 여인의 구애를 물리치며 냉소하는 그는 어김없는 타나토스의 화신이다. 몸은 살아 있되 마음으로는 죽어버린 존재. 그는 흥분한 처녀들에 의해 몸이 찢겨서 죽었다고 하거니와, 그 몸을 찢은 것은 자기 자신이었다고 할 수 있다. 좋았던 지난날에 대한 집착과 끝 모를 현실 부정 속에서 그는 심리적으로 해체된 것이었다. 문학치료식으로 말하면, 폭주 끝에 길을 잃어버린 서사가 어둠 속에서 와해된 상황이다. 세상에는 다시 해가 뜨기 마련이지만, 깊은 동굴 속에 스스로를 가둔 이에게는 남의 일일 따름이다.

　　오르페우스가 죽은 뒤 제우스가 그의 리라를 거두어서 별자리로 만들었다고 하거니와, 나는 이를 오르페우스의 서사를 기리는 차원의 일이었다고 보지 않는다. 현실 부정을 통해 스스로를 깊은 동굴에 가둘 때 어떤 비극이 벌어지는지를 보여주는 반면교사의 신화로 읽는다. 그러면서 문득 자신을 돌아본다. 지금 스스로 동굴에 들어와 웅크리고 있지 않은지를.

청정각시, 함께 죽어 함께 살다

죽은 이를 찾아서 저승으로 간 인물들은 동양의 신화에도 있다. 일본 신화에서 이자나기伊邪那伎가 황천국으로 이자나미伊邪那美를 찾아간 일이 유명하거니와, 이제 이야기하려는 것은 한국의 함경도 민간 신화의 사연이다. 〈도랑선비 청정각시 노래〉가 그것으로, 이야기 주인공은 청정각시다. 갑자기 죽어버린 남편을 되찾기 위해 극심한 고통을 무릅쓰는 여인이다.

오르페우스는 아내와 결혼해서 며칠간 행복을 누렸었는데, 청정각시는 그런 시간도 허락받지 못한다. 혼례를 치르러 온 도랑선비가 정신이 혼미해져 누워 있다가 본가로 돌아가 죽어버린 것이었다. 청정각시로서는 마른하늘에 날벼락이었다. 첫날밤도 치르지 못하고 임종도 보지 못한 죽음이니 기가 막힐 일이었다. 그 앞에 놓인 것은 하염없는 독수공방의 날이었거니와, 그걸 떠나서 그 자체로 받아들일 수 없는 죽음이었다. 왜 하필 혼례식 날 신랑이 내 집에 와서 쓰러진단 말인가. 도대체 나에게 무슨 죄가 있기에!

닥쳐온 현실을 받아들일 수 없었던 청정각시는 피눈물을 흘리며 울고 또 운다. 하염없는 통곡을 들은 옥황상제가 황금산 성인을 보내자 청정각시는 그에게 죽은 남편을 만나게 해달라고 애걸한다. 그럴 수만 있다면 무엇이든 하겠다고 했다. 그리고 그 말은 진실이었다. 그녀는 성인의 말을 따라 남편 묘 앞에 이부자리를 펴고 사흘간 기도를 하고, 머리를 뽑아서 노끈을 꼰 뒤 손바닥을 꿰어서 빌고, 열 손가락에 기름을 바르고 불을 붙여서 발원을 한다. 그때마다 남편이 나타나지만 그녀가 안으려 하면 속절없이 사라진다.

각시가 성인의 가르침을 따라서 최종적으로 한 일은 타다 남은 손으로 기나긴 고갯길을 닦는 일이었다. 가없는 고통 끝에 고갯마루에 이른 각시는 건너편에서 올라오는 남편을 발견하고, 훌쩍 달려들어서 그를 꽉 껴안는다. 드디어 남편을 찾는 데 성공하는가 싶었지만, 기쁨은 잠깐이었다. 집으로 돌아오기 위해 위태한 외나무다리를 건너던 중 둘은 다시 갈라진다. 앞서서 물을 건넌 청정각시가 뒤를 돌아보는 순간 큰바람이 남편을 휘감아 물속으로 처넣은 것이었다. 그렇게 청정각시는 남편을 잃고 잃고 또 잃는다.

청정각시가 남편을 만난 일은 그 또한 하나의 환각이라고 볼 수 있다. 차마 그렇게 보낼 수 없다는 절실한 집착이 그를 나타나게 한 것이었다. 생각하면 더없이 애달픈 일이지만, 그것은 실제 현실일 수 없다. 에우리디케가 그랬던 것처럼, 도랑선비는 결국 저세상으로 빨려갈 존재였다. 본인으로서는 인정하기 어렵겠지만, 죽은 이의 모습을 보고 그 몸을 껴안았다는 것도 현실이 아닌 착각일 따름이다. 죽음이란 그런 것이다.

마침내 붙잡았다고 생각했던 남편을 다시 잃고 나서, 청정각시는 어떻게 됐을까? 에우리디케를 잃은 오르페우스는 절망과 죽음의 동굴에 갇혀버리거니와, 청정각시의 길은 그와 달랐다. 그는 도랑선비를 다시 만나서 그와 삶을 함께하는 데 성공한다. 어디에선가 하면 이승이 아닌 저승에서.

물로 떨어진 도랑선비는 망연자실 바라보는 아내에게 두 가지를 말한다. 한 가지는 자기가 죽은 일이 재물을 탐해서 백성을 죽인 할아버지 탓이라는 것. 이해할 수 없는 죽음 이면의 숨은 업業이다. 선비는 이렇게 말하고 있는 중이다. "여보. 내가 죽은 건 당신 탓이 아니야. 우리 조상님 때문이야. 원래 그리될 일이었어. 자책하지 마." 그렇다. 이유 없는 죽음은 없다. 내 탓도 아니고 네 탓도 아닌 그것은 신의 탓이다. 사람은 누구든 죽는 법이고, 가는 길에 정해진 때는 없다.

도랑선비가 전한 또 다른 말은 자기와 함께 살려거든 집에 돌아가서 조상님 심은 나무에 끈을 맨 뒤 목을 걸어서 죽으라는 것이었다. 그러면 저승에서 둘이 잘살 수 있다는 것이었다. 그 말을 듣고 '죽는 법'을 깨달은 청정각시는 나무에 끈을 매고 자결해서 저승으로 간다. 가서 보니 도랑선비는 잘 지내고 있었다. 서당에서 아이들에게 그림을 가르치는 중이었다. 남편과 다시 만나 무한한 낙을 받은 각시는 뒷날 남편과 함께 환생해서 신으로 모셔지게 됐다는 것이 이야기의 결말이다.

아마도 더없이 황당한 전개로 여겨질 것이다. 목매어 자살해서 다시 만나다니! 문면 그대로라면 산 사람까지 죽은 상황이니 최악의 진행이다. 남편을 따라서 죽어야 했던 봉건시대의 슬픈 열녀烈女를 연상시키는 모습이다. 하지만 청정각시의 죽음은 신화적 상징으로 읽는 것이 어울린다. 그것은 실제적 죽음이 아닌 심리적 죽음, 또는 '서사적 죽음'으로 봄이 합당하다. 풀어서 설명하면, '현실을 인정하지 못하고 매달려 집착하던 존재의 죽음'이다.

청정각시가 도랑선비와 더불어 낙을 누렸다는 저승, 곧 '저 생生'은 그녀의 마음속이라는 것이 나의 해석이다. 그녀는 몸은 여기 있되 마음을 저 너머로까지 넓혀서 남편을 품어 안았던 것이다. 그가 평안히 잘 지내고 있음을 믿으면서, 다시 만나서 영원한 낙을 누리게 될 것을 믿으면서 마음으로 함께하는 동반의 삶을 시작했다는 것이다. 단절된 서사의 초극적 연결이다. '죽음'이 있었기에, '나를 죽이는 행위'가 있었기에 가능했던 반전이다.

일어서서 거듭나기 위하여

청정각시의 죽음에 대한 심리적 독해는 무리하게 여겨질 수 있다. 하지만 그 죽음이 '제의'에서 구현되는 것임을 이해하면 얘기가 달라진다. 〈도랑선비 청정각시 노래〉는 망자를 저세상으로 떠나보내는 의례인 망묵굿에서 구송되는 신화다. 사람들은 그 이야기의 길을 따라서 망자를 만나고 또 떠나보낸다. 청정각시가 손에 불을 붙일 때 그들 또한 마음의 손에 불을 붙인다. 타버린 손가락으로 고갯길을 닦으며 올라가서 죽은 사람을 껴안는다. 차마 보낼 수 없는 그 사람을.

눈물로 가득한 그 제의적 한풀이의 끝자락에서, 그들은 스스로를 죽인다. 청정각시가 죽을 때 그들도 함께 죽는다. 그렇게 망자를 떠나보내며, 동시에 그와 하나가 된다. 삶과 죽음의 심연을 가로질러서 그를 내 안에 품는다. 영원히. 그곳에서 잘 살아갈 그와 오래도록 함께하는 최선의 길은, 이곳에서 내가 훌륭히 잘사는 것이다. 나중에 진짜로 저승에 가서 다시 만날 때 서로 부끄럼 없이 손잡을 수 있도록.

2019년 11월, 돈화문 국악당에서 함경도 망묵굿이 펼쳐졌을 때 무대에 잠시 올라 발언할 기회가 있었다. 그때 나는 이렇게 말했다. "저는 오늘 여기에 죽으러 왔습니다. 청정각시와 함께 죽고, 그 죽음을 통해 거듭나려고 합니다."

내가 말한 것은 물론 '제의적 죽음'이다. 내 마음속의 집착과 거침을 씻어내는, 내 안의 라그나로크를 니르바나로 풀어내는 신화적 죽음. 이야기는 그 죽음을 '청정淸淨'이라고 말한다. 절망의 동굴을 뚫고 나와 청정의 존재로 나아간 사람. 신화가 청정각시에게 붙인 호칭은 바로 '신神'이다.

수십 년 전, 불의의 사고로 남편을 잃은 누님이 고통에 몸부림치던 모습이 지금껏 눈에 선하다. 사람들이 누님에게 다가와서 한 말은 한결같았다. "산 사람은 살아." 어린 나는 잘 이해하지 못했지만, 지금 생각하면 그 하나뿐이다. 산 사람은 산다는 것. 하지만 그건 저절로 되는 일이 아니다. 살아내야 살아지는 법이다. 그러니까 사람들이 한 말은 "산 사람은 살아야 해!"라는 것이었다.

덧붙여 깨닫는 것은 그러한 살아냄이 제대로 된 죽음이 있어야 가능하다고 하는 사실이다. 바야흐로 다시 나를 죽여야 할 때다. 일어서서 거듭나기 위하여.

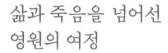

삶과 죽음을 넘어선
영원의 여정

존재적 흔들림을 넘어서

'오늘이'라는 이름을 기억하는지 궁금하다. 앞에서 다룬 바 있는, 제주 신화 〈원천강 본풀이〉의 주인공이다. '적막한 들'에서 이름 없이 흔들리며 방황하던 소녀. 허공을 떠도는 먼지 한 알 같은 그 미력한 존재였던 그는 원천강을 찾아가 '거대한 뿌리'와 만나면서 우주적 존재가 된다. 삶과 죽음을 초월한 영원한 존재, 신이 된다.

오늘이가 존재적 자기 발견과 확장을 이루는 과정에 대해서는 이미 자세히 살폈거니와, 이제 새롭게 들여다보려는 것은 오늘이가 길에서 만난 두 사람, 장상이와 매일이의 사연이다. 높은 별층당에 앉아서 늘 글을 읽던 도령과 처녀. 남들 보기에는 편한 팔자였을지 모르지만 실상은 감옥과 같은 갇힌 현실 속에서 무의미와 무망감에 신음하며 내내 흔들리고 있던 사람들이다. '나는 왜 여기서 이러고 있을까? 언제나 이 상황을 벗어나 행복을 찾을 수 있을까?' 세상 수많은 사람들이 안고 있는 공통의 고민이다. 장상이와 매일이의 형상은 주인공인 오늘이 이상으로 우리에게 서사적 공명을 일으킨다.

신화는 장상이와 매일이가 짝을 이루어 결혼함으로써 만년 영화를 이루었다고 한다. 이에 대해 나는 그것을 '장상長常'과 '매일每日'이라는 이름의 뜻과 관련해서 '영원과 순간의 결합'으로 풀이한 바 있다. 영원이 순간 속에 구체화되어서 의미를 얻고 순간이 영원으로 확장되어 의미를 얻은 상황이다. 하지만 그 해석은 다분히 추상적인 것이었다. 구체적으로 무엇을 어떻게 해야 할지를 고민하는 입장에서 보면, 뜬구름처럼 보일 수 있는 무엇이다. 과연 그들은 어떤 삶을 통해 순간과 영원의 결합을 이루어낸 것인지 그 구체적 실체에 대한 궁금증을 지울 수 없다.

장상이와 매일이는 짝을 이룬 뒤 무엇을 하며 어떻게 살았을까? 그 사연을 전하는 신화가 있으니 〈세민황제 본풀이〉가 그것이다. 〈원천강 본풀이〉와 마찬가지로 제주 무당 박봉춘 심방이 구술한 신화다. 제목 속의 세민황제는 곧 이세민李世民으로 당나라 태종이다. 그가 이야기 속에서 큰 구실을 하지만, 이 신화의 실제 주인공은 그의 맞은편에 있는 매일과 장상이다. 신화에서 매일과 장상은 '저승 제일 부자'로 일컬어진다. 그들은 어떻게 존재적 흔들림을 넘어서, 생과 사의 아득한 경계를 넘어서 저승의 주인공이 된 것일까?

매일 장상, 이승에서 저승으로, 영원으로

〈세민황제 본풀이〉의 핵심 인물은 매일 장상과 세민황제다. 매일과 장상은 평범한 생활인으로 등장하며, 세민황제는 절대적 권력자로서 움직인다. 민간 신화에서 중국 황제가 등장한 이유가 의아할 수 있겠는데 '이승 최고의 권력자'를 단적으로 표상화하기 위함이라고 보면 된다.

고집이 세고 모질었던 세민황제는 가진 권력을 마구 휘둘러서 사람들을 괴롭힌다. 부처를 믿는 사람을 붙잡아다가 험한 형벌을 내리거니와, 자기 자신이 이 세상 최고의 신이고자 했던 것이라고 볼 수 있다. 하지만 그 권력, 그 욕망은 죽음과 함께 산산이 사라져버릴 무엇이었다. 권력자들은 제 무덤 속에 시종과 시녀를 보물과 함께 순장殉葬해서 현세의 권력과 영화를 후세로까지 이어가려고 했지만 부질없는 몸짓이었을 따름이다.

신화는 그러한 욕망이 얼마나 허튼 것인지를 단적으로 보여준다. 세민황제가 불시에 붙잡혀 들어가서 직면한 저승은 자기 생각과 완전히 달랐다. 그는 더 이상 권력자가 아니고 백성은 '밥'이 아니었다. 생전에 자신이 행한 착취와 폭력은 빠짐없이 빚으로 쌓여 있었다. 저승의 혼령들이 몽둥이를 들고 몰려와 빼앗아간 것을 내놓으라고 을러대니 완전한 형세 역전이다. 꼼짝없이 빚을 갚아야 했으나 황제의 저승 궤에는 땡전 한 푼도 없었다. 있는 것이라고는 짚 한 뭇뿐. 저승에는 살아생전에 베푼 것들이 쌓이는 법인데 황제는 누군가에게 짚 한 단을 던져준 게 전부였던 것이다.

저승에 들자마자 가장 구차하고 비참한 존재가 돼버린 세민황제에게 들려온 이름이 '매일 장상'이었다. 궤에 재물이 가득 차 있는, 저승 최고의 부자였다. 황제로서는 생전에 듣지도 보지도 못한 사람들이었다. 황제는 의아했지만 이것저것 가릴 상황이 아니었다. 매일 장상의 재물을 빌려서 겨우 곤경을 면한 뒤 세민황제는 다시 이승으로 되돌려진다. 그는 본래 죽을 사람이 아니었는데 저승에서 혼쭐을 내주려고 미리 불러들였던 것이었다.

지옥에서 벗어나 이승으로 돌아온 세민황제가 방방곡곡으로 탐문해서 찾아낸 매일 장상은 평범한 생활인 부부였다. 한집에 살면서 남자는 신발을 만들어서 팔고 여자는 술을 빚어서 팔고 있었다. 의아함을 품은 채 허름한 차림으로 두 사람을 찾아간 황제는 곧 고개를 끄덕이게 된다. 장상이는 한 켤레 값에 신발 두 켤레를 내주고, 매일이는 한 잔 값으로 술 두 잔을 내왔다. 돈이 필요하다고 하자 두말없이 빌려주면서 형편이 안 되면 안 갚아도 된다고 했다. 둘은 그렇게 나날의 생활 속에서 '매일 장상每日長常으로', 하루하루를 늘 그렇게 베풂을 이어가며 살고 있었다. 그렇게 베푼 인정이 선업善業이 되어 저승에 재물로 쌓이고 있는 것이었다. 금액이 아닌 '인정人情'으로서.

별층당에서 책을 읽던 남녀가 신발 가게와 식당을 한다니 의아할 수 있겠다. 그 반전이야말로 이 신화의 묘리妙理라 할 만하다. 책을 읽는 일은 남들 보기에 그럴싸해도 그들의 적성에 맞지 않는 일이었다. 그들은 오랜 고착을 과감히 떨쳐버리고서 자기가 즐겁게 잘할 수 있는 일을 찾아내 삶을 변혁한 것이었다.

신발과 음식은 사람들이 살아가는 데 꼭 필요한 것이니 그 일은 세상을 평안하게 하고 행복하게 한다. 그러니 안팎으로 복락이 가득할 수밖에 없다. 그 복락의 삶은 어느 날 자연스레 본원으로의 회귀로 이어질 것이니, 그리고 그들이 남긴 화기和氣는 길이 남아서 이어질 것이니, 생과 사의 경계는 가히 그들의 서사를 단절시킬 수 없다. 불사약을 찾아 헤매고 사람을 순장시키는 것과 질적으로 다른, 진정한 영생永生의 서사다.

매일 장상이 살아가는 모습에서 큰 깨우침을 얻은 황

제는 그들을 인생의 스승으로 삼아서 삶을 변혁한다. 불쌍한 사람들을 구제하고 부처를 섬기며 활인지도活人之道를 마련해서 그간의 악업을 씻는다. 신화는 그가 죽어서 저승에 간 뒤 어떻게 됐는지에 대해 따로 말하지 않거니와, 서사의 길이 바뀌었으니 저승살이도 질적으로 달라졌을 것이다. 꼭 죽은 뒤의 일만이 아니다. 저승이 어찌 멀리 저편에만 있으랴. '보이지 않는 세상'은 늘 우리 곁에 함께 존재한다.

세민황제가 삶의 길을 바꾸는 데 성공한 일을 두고서 이를 권력자에게 부여된 특별한 혜택이라고 여길 바가 아니다. 하늘은 세상 모든 사람에게 삶의 길을 바꿀 기회를 준다. 세민황제는 그 하나의 표상일 따름이다. 황제가 그랬던 것처럼, 우리 모두는 서사의 길을 바꿀 수 있다. 세민황제는 매일 장상을 통해 깨우침을 얻었거니와, 우리에게는 그들의 이야기가 있다. 그 신령한 서사를 되새기면서 내가 밟아나가야 할 진정한 변혁의 길이 무엇인지 헤아려본다. 그리고 조용히 고개를 끄덕여본다.

궁산선비는 어떻게 돈의 신이 되었나

바야흐로 '돈 세상'이다. 돈이 무소불위의 위력을 발휘하는 물신의 세상. 물신과의 싸움은, 또는 합리적 관계 설정은 현시대의 가장 큰 신화적 과제라고 보아도 좋다. 그런 의미에서 저승 제일 부자에 이은 또 다른 '돈의 신'에 대한 이야기를 해보려 한다. 신의 직책은 '돈전신'이고, 이야기 제목은 〈돈전풀이〉다. 〈일월놀이푸념〉과 〈궁상이굿〉으로도 불리는 신화로, 주인공은 궁산이 또는 궁산선비다. 앞서 잠깐 언급한 바 있는 이름이다.

궁산이 또는 궁산선비는 자료에 따라 그 이름을 '궁상이'라고도 한다. 꽤나 궁상맞아 보이는 이름인데, 실제 삶이 궁상 자체였다. 눈앞의 욕망에 휘청이고 곤경에 허우적대면서 도무지 제 앞가림을 하지 못하는 존재. 그야말로 현실 감각 제로다. 그런 그가 어떻게 돈의 신이 된 것일까?

궁산이는 본래 부자였다고도 하고 가난했다고도 한다. 어느 쪽이든 그는 부자 될 자격이 없는 사내였다. 감언이설에 넘어가 바둑 두기 노름에 빠져든 뒤 전 재산을 다 날리고는 아내까지 저당잡힌 끝에 속절없이 빼앗겨버리니 완전 무대책 민폐남이다. 그렇게 모든 것을 잃은 궁산이가 던져진 곳은 작은 무인도였다. 뱃조각을 붙잡고 섬에 표류하거니와, 깨진 널빤지는 그의 서사를 단적으로 표상한다. "눈을 떠보니 배는 고프고 쓸쓸한데 참대는 우거져서 시름시름 우는 소리를 내어 마음이 슬펐다"고 하는 묘사는 밑바닥으로 굴러떨어진 인간의 처량한 형상을 생생하게 보여준다. 이러한 심리 상태에 빠진 사람들은 현 세상에 또 얼마나 많은지….

다행히 궁산이는 무너져 쓰러지지 않고 다시 일어난다. 하늘이 부여해준 근원적인 힘 때문이었고, 아내 명월각시와 함께한 서사의 힘 덕분이었다. 그는 아내가 지어준 옷에 들어 있던 육포를 씹으면서 굶주림을 면하고, 아내가 챙겨준 명주실과 바늘로 낚시를 만들어서 연명한다. 옷과 음식은 아내와 함께했던 서사의 편린이고 명주실과 바늘은 서사를 잇는 끈이라고 볼 수 있다. 그렇게 서사의 조각을 붙잡고 끈을 이어가자 거짓말처럼 길이 생겨난다. 굶주린 새끼 학들을 물고기로 먹여 살린 적덕積德 끝에 어미 학의 도움을 얻어 본토로 돌아오게 되는 것이다.

궁산이가 거지로 떠돌다가 아내를 찾아서 재결합하는 과정은 생략하고 바로 '돈의 신' 이야기로 넘어간다. 궁핍한 삶을 이어가던 중에 아내가 힘들게 마련해준 돈을 가지고 나가서 궁산이가 한 일은 죽어가는 고양이와 뱀을 사온 일이었다. 또는 개와 고양이를 사왔다고도 한다. 꽤나 엉뚱한 일이었다. 여전히 현실 감각 제로. 그런데 뜻밖에도 그 동물들이 부富의 원천이 된다. 그들이 찾아낸 보물 팔방야광주 또는 건망중태(궁산이가 용궁에서 얻어온 보물)에서 쏟아져 나온 재산으로 부부는 최고의 부자가 되는 것이다. 부부는 더 나아가서 돈전신으로 좌정하게 되니 놀라운 반전이고 비약이라 할 만하다.

그 비약에는 물론 숨은 이치가 있다. 나는 궁산이와 명월각시 부부가 신으로서 주재하는 돈은 이승 돈이 아니라 '저승 돈'이라고 보고 있다. 매일 장상의 저승 궤에 쌓였던 것과 같은, 인정人情으로 생겨난 '보이지 않는 돈'이다. 궁산이 부부는 주변의 버려져가는 존재들에 마음을 주어서 생명적 연결을 이루어냈거니와, 그것이 크나큰 복을 만들어낸 형국이다. 어찌 그렇지 않을까. 세상의 뭇 생명과 넓고 깊은 동반적 접속을 이루어냈으니 더없이 큰 재산이다. 이승 돈과 달리 쓸수록 늘어나는 특별한 재산이기도 하다.

궁산이 부부가 이루어낸 부가 마음의 부이고 그들이 주재하는 돈이 '저승 돈'임은 의례와의 관계에서 잘 드러난다. 〈돈전풀이〉는 죽은 이를 천도하는 망묵굿 의례에서 베풀어지는 신화다. 의례 참여자들은 망자에게 돈을 전해주면서 저승길이 편안하도록 축원한다. 이때 사람들이 내는 돈은 이승 돈이지만, 떠나는 이에게는 저승 돈으로 '환전'이 이루어진다. 사람들이 전해주는 마음이 '영원의 돈'이 되어서 저승 궤를 채우고 복락을 만들어내는 것이다. 이때 사람들이 베푸는 인정은 망자가 생전에 베푼 덕의 결과물일 터이니 결국 스스로 지은 것이라 할 수 있다. 이승에서의 삶이 저승으로 이어지면서 영원성을 실현하는 형국이다.

생과 사의 경계를 넘어서는 힘을 내는 특별한 돈. 우리가 삶에서 찾아내고 쌓아야 하는 진짜 돈은 이것이 아닐까? 그 돈은 누구에게나 이미 존재하며, 아무리 써도 줄지 않는다. 아낄 이유가 조금도 없다. 지금 바로 내 안의 건망 중태를 꺼내어 들고서 세상으로 나아갈 일이다. 어디선가 나를 찾고 있는 사람들의 목소리가 느껴지거니와, 이는 얼마나 큰 축복인지 모른다. 신은 인간을 사랑한다는 사실을 새감 실감하는 순간이다.

그렇게 4만 년을 살다

이제 글을 마침에 있어서 마지막으로 소환하고자 하는 것은 '사만이'의 서사다. 궁산이 이야기를 하는 중에 자연스레 떠오른 이름이다. 제주 신화 〈맹감본〉 또는 〈사만이 본풀이〉의 주인공으로, 젊은 나이에 죽을 운명을 바꾸어서 4만 년을 넘게 살았다는 인물이다.

사만이는 더없이 불행한 존재였다. 가난한 집에서 외아들로 태어난 뒤 어머니·아버지와 양가 할머니·할아버지가 차례로 세상을 떠나 사고무친의 신세가 된다. 그가 할 수 있는 것은 빌어먹는 일뿐이었다. 거지 생활을 하던 중 인연이 닿은 걸인 여자와 짝을 이루어 부부가 되었으나 살아갈 길은 여전히 막막했다. 태어난 자식이 춥고 배고프다고 울음을 우니 처량하기 이를 데 없었다.

능력도 없고 운도 없던 사만이의 삶을 바꾼 변곡점은 백년 해골과의 만남이었다. 그는 어느 날 깊은 산속 험한 가시덩굴에 덮여 있던 해골을 발견한다. 보통 사람 같았으면 그냥 지나쳤겠으나, 사만이는 어느 집 조상이 이렇게 험한 꼴을 당하는가 안타까워하면서 집으로 고이 챙겨간다. 그리고 조상으로 모셔서 아내와 함께 정성껏 예를 갖추고 보살핀다. 그러자 꽉 막혀 있던 삶에 변화가 생겨난다. 일이 술술 풀려서 큰 부자가 된다. 그들이 거두고 보살펴준 해골이 전해준 복이었다.

해골의 베풂은 재산으로 그치지 않는다. 사만이는 본래 이른 나이에 세상을 떠날 운명이었는데 해골이 나서서 이를 방비할 계책을 알려준다. 좋은 음식과 신발과 돈으로써 저승차사들에게 최대한의 정성을 베푸는 일이 그것이었다. 인정을 받으면 응감하는 존재가 신이다. 사만이를 잡아갈 수 없었던 저승차사들은 저승의 인맥을 동원해서 사만이의 명을 바꾼다. 장장 4만 5600년으로. 삼천갑자 동방삭의 열 배가 넘는 시간이다. 영생永生이라고 일컫기에 부족함이 없는 시간이다.

궁산이는 새끼 학과 고양이, 뱀 같은 미물과의 접속을 통해 존재적 확장을 이루어냈는데 사만이의 경우는 '백년 해골'이었다. 해골이 무엇이기에 이런 힘을 내는지 궁금할 수밖에 없다. 해석의 단서는 사만이가 해골을 '조상祖上'으로 모셨다는 데서 찾을 수 있다. 조상은 '내 삶의 존재적 뿌리이자 맥'에 해당하는 것으로, 다른 말로 바꾸면 '역사歷史'라고 할 수 있다. 사만이는 해골로 표상되는 '잊혀져 잦아진 역사'와 접속을 이루어내서 그것을 '나의 현재적 삶'으로 삼은 것이었다. 그러자 과거에서 미래로 이어지는 신령한 서사가 불현듯 살아나서 힘을 내기 시작한 것이었다.

궁산이가 주변 생명과의 서사적 연결을 통해 존재의 공간적 확장을 이루어냈다면 사만이는 오랜 과거 속 생명과의 서사적 연결을 통해 존재의 시간적 확장을 이루어낸 경우다. 경계를 넘어선 신화적 확장의 두 측면이다. 매일 장상이 '저승 부자'로 일컬어지고 사만이가 '4만 년의 존재'로 일컬어지는 것은 우연이 아니다.

우리에게 백년 해골이 무엇인가 하면 오래 흘러온 신령한 이야기로서의 신화가 그것이다. 보기에 따라 지난 시절의 허튼 이야기일 뿐이겠지만, 관심을 주지 않으면 없는 것과 마찬가지겠지만, 마음을 열고 그것을 품어서 서사적 연결을 이루어내면 삶에 질적 변화가 나타날 수 있다. 사만이는 4만 5600년의 서사적 확장을 이루어냈거니와, 신화 속의 서사적 시간은 지경에 한도가 없다. 세상이 처음 생겨나던 태초로부터 모든 것이 본원으로 돌아가는 먼 훗날의 그날까지의 모든 역사가, 그리고 이승과 저승, 하늘과 땅을 포함한 온 우주의 신령한 역사가 그 안에 깃들어 있다. 그 서사들이 오롯이 내 안에서 살아 움직일 때, 그것을 온전한 나의 삶으로 살아낼 때, 존재는 모든 시공간적 경계를 넘어서 영원성을 실현할 수 있다.

단순한 기억이나 상상의 문제가 아니다. 엄연한 존재적 실체의 문제다. 적막한 들 속의 미미한 존재성이 마치 허공을 떠도는 먼지 한 알과 같다고 했지만, 그 먼지가 실재했다는 것은 변함없는 진실이다. 그것은 무한한 시공간적 연결성을 이루는 우주의 일원이다. 그 안에 하나의 우주가 있고, 영겁의 인연이 깃들어 있다.

그 우주적 연결의 중심점이 어디인가 하면 내가 있는 '지금 이곳'이다. 그 연결성을 오롯이 인지하고 구현해낼 때 우리의 삶은 하나의 신화가 될 수 있다. 영원에서 영원으로 이어지는 나 자신의 존재성은 세상 그 누구도 지울 수 없다. 설령 그가 신이라 하더라도!

그렇게 그들의 삶은 하나의 신화가 되었다.

신화, 치유, 인간

1판 1쇄 찍음	2022년 12월 30일
1판 1쇄 펴냄	2023년 1월 11일

지은이	신동혼
펴낸이	김정호

책임편집	이지은
디자인	이경란

펴낸곳	아카넷
출판등록	2000년 1월 24일(제406-2000-000012호)
주소	10881 경기도 파주시 회동길 445-3 2층
전화	031-955-9512(편집) · 031-955-9514(주문)
팩스	031-955-9519
홈페이지	www.acanet.co.kr
블로그	blog.naver.com/acanet2001
페이스북	facebook.com/acanet2015

ISBN   978-89-5733-837-7 03100

이 책은 (재)대우재단에서 추진 중인 국민 정신건강증진사업(보건의료사업) '꿈과 휴'의 일환으로 발간됩니다.